Peter Neuner

Die heilige Kirche
der sündigen Christen

Topos plus Taschenbücher

Topos plus Verlagsgemeinschaft

Butzon & Bercker, Kevelaer | Don Bosco, München
Echter, Würzburg | Verlag Katholisches Bibelwerk, Stuttgart
Lahn-Verlag, Limburg Kevelaer | Matthias-Grünewald-Verlag, Mainz
Paulusverlag, Freiburg Schweiz | Friedrich Pustet, Regensburg
Styria, Graz Wien Köln | Tyrolia, Innsbruck Wien

Die Deutsche Bibliothek – CIP-Einheitsaufnahme
Ein Titeldatensatz für diese Publikation
ist bei Der Deutschen Bibliothek erhältlich.

© 2002 Verlag Friedrich Pustet, Regensburg
Originalausgabe

Einband- und Reihengestaltung:
Akut Werbung GmbH, Dortmund
Herstellung: Pustet, Regensburg
Printed in Germany

Topos plus – Bestellnummer: 3-7867-8454-X

Inhalt

Einleitung
Kirche zwischen Alltagserfahrung und Glaubensbekenntnis

Kirche ist eine Größe alltäglicher Erfahrung in Gesellschaft, Kultur, Wirtschaft, Kunst, in Landschaftsschutz und Denkmalpflege, im weiten Feld der Sozialarbeit, der Erziehung, der Beratung, der Politik und der Gesetzgebung bis hin zu christlichen Parteien und kirchlichen Sportverbänden. Kaum eine wichtige Institution möchte es sich mit ihr verderben oder würde gerne auf eine kirchliche Feier anlässlich der Einweihung neuer Gebäude verzichten. Kirche ist aus unserer Welt gar nicht wegzudenken: Von der Politik, wo der päpstliche Nuntius Doyen des Diplomatischen Corps ist, bis hin zur Erziehung, wo die Kirchen wichtigste Träger freier Schulen und fast aller Internatsschulen sind. Die Sozialarbeit ist in breitem Umfang in kirchlicher Hand, Kirchen gehören in Deutschland zu den größten Arbeitgebern und zu den größten Grundbesitzern. Sie entsenden in jedes Dorf einen akademisch ausgebildeten Fachmann und der Pfarrer erfreut sich in unserer Gesellschaft eines überraschend hohen Sozialprestiges. Soziologen sagen, dass er in vielen Umfragen nach dem Arzt an zweiter Stelle rangiert, weit vor dem Lehrer, dem Professor, Politiker oder gar dem Journalisten. Von Kirche ist in den verschiedenen Wissenschaften die Rede: In der Erziehungswissenschaft, der Kunstwissenschaft, der Sprachwissenschaft, der Jurisprudenz, der Soziologie, in den historischen Wissenschaften. In Psychologie und Medizin wird die Bedeutung religiöser Verhaltensweisen wieder entdeckt. Wer nur mit halbwegs offenen Augen durch unsere Welt geht, findet an allen Ecken und Enden Kirche und kirchliche Spuren. Und was wäre die Presse ohne den Papst, die Bischöfe, die Synoden und innerkirchlichen Querelen und Skandale?

In der neueren Theologie hat die Lehre von der Kirche, die Ekklesiologie, einen immer breiteren Raum eingenommen. In der mittelalterlichen Theologie gab es keinen eigenen Traktat „über die Kirche". Natürlich hat man Kirche gelebt, aber sie war kaum Gegenstand der Reflexion. Erst in der Auseinandersetzung der beginnenden Neuzeit, also seit der Kirchenspaltung, wurde Kirche als theologisches Thema in die systematische theologische Überlegung aufgenommen. Die einander ausschließenden Ansprüche der so genannten „Religionsparteien", jeweils die Kirche Jesu Christi zu sein, forderten die Entwicklung des Traktats über die Kirche. Es war angesichts gegenseitiger Verurteilungen die Frage nach der rechten Kirche, die zu einem intensiven Nachdenken über die Kirche und ihre rechte Form und Gestalt führte. In diesem Prozess wurde die Problematik „Kirche" immer mehr dominant. Auguste Comte, der Religionskritiker und Begründer des Positivismus, prophezeite, über kurz oder lang werde die gesamte Theologie zur Ekklesiologie werden. Denn der Glaube an metaphysische Wirklichkeiten sei dem Verschwinden preisgegeben, über Kirche als vorfindliche Größe, über ihre Strukturen, ihre Ämter, ihr Recht, ihre Geschichte und ihre sozialen Wirkungen kann man auch dann trefflich handeln und streiten, wenn der Gottesglaube längst verdunstet ist. Comte hat zumindest darin Recht behalten, dass die Lehre von der Kirche im neuzeitlichen theologischen Denken einen immer breiteren Raum eingenommen hat.

Andererseits gilt aber auch: In der Ekklesiologie wird die Theologie praktisch und anschaulich. Kirche ist der Raum, wo der Glaube an Gott, an den auferstandenen Christus, an den Geist Gottes in Welt und Geschichte Gestalt gewinnt. Was die zentralen theologischen Themen christlicher Gotteslehre und der Lehre von der Erlösung austrägt, muss in der Lehre von der Kirche Frucht tragen. An der Kirche muss sich zeigen, was die großen Aussagen des Glaubensbekenntnisses in unserer Welt bedeuten, wie sie uns als Individuen und als Gesellschaftswesen prägen.

Der Begriff „Kirche" begegnet also in einem doppelten Sinn: Zunächst stößt das Wort auf eine gefüllte Erfahrung, die keineswegs immer positiv ist. Auf der anderen Seite ist eine Wirklichkeit gemeint, die nach christlicher Überzeugung im göttlichen Heilsplan wurzelt, in Jesu Wort und Werk, in seiner Auferstehung ihren Ursprung hat und durch die Kraft des Heiligen Geistes auf dem Weg zur Vollendung geführt wird. Es ist offensichtlich, dass zwischen der Kirche der alltäglichen Erfahrung und der Kirche Jesu Christi, die wir im Credo als die Eine, Heilige, Katholische und Apostolische bekennen, unterschieden werden muss. Sicher sind beide nicht identisch. Anderseits aber haben sie dennoch miteinander zu tun und sind aufeinander verwiesen. Die Frage, wie sie zusammengehören und sich dennoch unterscheiden, ist eine der großen Herausforderungen jeder Ekklesiologie.

Dieser Doppelaspekt: Herkunft von Gott und menschliche Einrichtung und Gemeinschaft, kommt auch in der Etymologie zum Ausdruck. Die in den germanischen Sprachen verwendeten Begriffe: *Kirche*, englisch *church*, niederländisch *kerk* leiten sich her vom griechischen *kyriakón* bzw. dem volkstümlichen griechischen Wort *kyriaké*: Haus Gottes, Herrenhaus. Hier steht im Zentrum der Aspekt der Tat Gottes, seine Berufung. Kirche ist in dieser Sicht zunächst göttliche Einrichtung und Stiftung, nicht menschliche Tat und Aufgabe. In den romanischen Sprachen hat sich dagegen der Begriff *chiesa* (ital.), *église* (franz.), *iglesia* (span.) durchgesetzt. Er kommt vom griechischen Wort *ekklesia*, das dann als Lehnwort *ecclesia* ins Lateinische übernommen wurde. Es besagt zunächst die Versammlung der Bürger in einer Stadt. Das religiöse Element spielt dabei allenfalls am Rand eine Rolle. Im Zentrum steht hier der Gemeinschaftscharakter: Das Zusammengerufensein derer, die eine

Verantwortung tragen, die über das Gemeinwohl bestimmen. Dieser Begriff *ekklesia*, der seine Heimat im politischen und gesellschaftlichen Bereich hat, diente in der *Septuaginta*, der griechischen Übersetzung des Alten Testaments, zur Wiedergabe des alttestamentlichen Wortes *qahal*, die Versammlung des Volkes. Er wird zum Terminus für die Botschaft und die Lehre von der Kirche. Dieser Wortstamm sagt also den Gemeinschaftscharakter aus, während in den Begriffen um Kirche, *church* die göttliche Vorgegebenheit und Berufung im Zentrum steht. Beides ist zu bedenken, das Zusammengehören beider Aspekte eines der großen Themen der Lehre von der Kirche.

1. Aspekte der Erfahrung von Kirche heute

Aufbruch und Beharrung

Wer heute das Wort Kirche verwendet, begegnet einer breit gestreuten Erfahrung, noch vor aller theologischen Reflexion. Kirche ist Institution. Nach allem, was wir heute beobachten, scheint es zunächst, dass sie als solche recht stabil ist. Sicher, es gibt hohe Zahlen an Kirchenaustritten, aber die Kirche als solche scheint davon wenig betroffen zu sein. In den Bereichen, in denen Kirche in der Welt vorkommt, hat sich in den vergangenen Jahrzehnten wenig verändert. Seit der Säkularisierung 1803 haben die Kirchen ihre Position eher ausbauen können. Wer der Kirche fern steht, sie von außen betrachtet, geht zumeist davon aus, dass in ihr alles beim Alten bleibt, es scheint nicht nötig, die alten Erkenntnisse, Urteile oder Vorurteile in Frage zu stellen. Dennoch ergeben sich auch hier Überraschungen. Wer aus einer Distanz heraus – aus welchem Grund auch immer – mit Kirche in Berührung kommt, vielleicht bei einer Beerdigung, einer Hochzeit, ist nicht selten überrascht oder reagiert sogar gereizt, wenn er seine Vorurteile nicht mehr bestätigt findet.

Damit ist gesagt, im Innenraum der Kirche hat sich in den Jahrzehnten seit dem Beginn des Zweiten Vatikanischen Konzils vieles verändert. Die Liturgie wird in aller Regel in der Volkssprache gefeiert, der Altar ist zum Volk gewandt, die Mehrzahl der Gläubigen praktiziert die Handkommunion; Laienkommunion-Austeiler sind erst in der Folge des Konzils eingeführt worden. In der Liturgie scheint, jedenfalls von außen betrachtet, gegenüber der vorkonziliaren Zeit kein Stein auf dem anderen geblieben zu sein. Und in manchen Bereichen kirchlichen Selbstverständnisses, etwa im Selbstbewusstsein der Gläubigen an der so genannten Basis und auch der Amtsträger ist es nicht anders.

Dabei ist der Erfahrungsschatz der Kirchenmitglieder sehr unterschiedlich. Für die jüngere Generation bis herauf in das Alter der meisten Kapläne und Pastoralreferenten ist das Konzil keine lebendige Erfahrung mehr; es begegnet ihnen als historisches Ereignis. Vom Empfinden her liegt es in grauer Vorzeit, man kann es nur studieren, wie man eben historische Ereignisse zur Kenntnis nimmt. So herrscht in der jüngeren Generation überwiegend der Eindruck der Stabilität, des immer so Gewesenen, von Beharrlichkeit und eventuell auch von Erstarrung. Wer sich weiter zurück erinnert und auch die vorkonziliare Zeit und Liturgie erlebt hat, urteilt hier zumeist anders. Bis zum Zweiten Vatikanum war der Katholizismus geprägt von einem Kirchenbild, in dessen Zentrum die Abwehr von der „bösen" Welt stand. Die Kirche wurde vorwiegend verstanden als Bau, als feste Burg, die unerschütterlich dem Ansturm der bösen Mächte standhalten muss. Die Kirchenlieder entstanden fast alle im Rahmen dieser Ekklesiologie: „Ob auch der Feind ihm dräuet, anstürmt in wilder Wut, das Haus wird's überdauern, auf festem Grund es ruht". Die Kirche begegnete den Bestrebungen der Neuzeit und den Forderungen nach Demokratie, Toleranz, Freiheit, auch Religionsfreiheit und Gewissensfreiheit weitestgehend mit Ablehnung und Verurteilung. Es führt eine fast geschlossene Spur von den Verurteilungen der Zeitirrtümer aus dem 19. Jahrhundert bis herauf zum Vorabend des Zweiten Vatikanums. Die Kirche verstand sich als von der Welt abgesondert, sie etablierte einen eigenen Bereich, und Katholiken lebten, jedenfalls vom kirchlichen Anspruch her, innerhalb eines eigenständigen sozialen Rahmens, der von katholischen Verbänden, Vereinen und Schulen geprägt war. Die Verurteilung von Neuansätzen in Gesellschaft, Wissenschaft und insbesondere in der Theologie und im Verständnis der Kirche, die Zurückweisung von allem, was als modern empfunden und als „modernistisch" gebrandmarkt wurde, bestimmte das Verhältnis der katholischen Kirche zur Welt. Natürlich gab es Gegenbewegungen in Theologie und Seelsorge, aber sie wurden an den Rand gedrängt oder auch ausgemerzt. Das Bild von der Kirche war durch sie kaum mitgeprägt.

Das Zweite Vatikanische Konzil

Der Zeitpunkt, an dem sich dies änderte, kann präzise angegeben werden. Es war die Wahl Papst Johannes' XXIII., der wenige Wochen nach dem Beginn seines Pontifikats ein Konzil ankündigte. Er kritisierte Leute, die unablässig davon reden, dass unsere Zeit im Vergleich zur Vergangenheit dauernd zum Schlechteren abgeglitten sei. Demgegenüber gab der Papst als Leitlinie für sein Konzil vor: „Wir müssen diesen Unglückspropheten widersprechen, die immer nur Unheil voraussagen ... In der gegenwärtigen Situation werden wir von der göttlichen Vorsehung zu einer allmählichen Neuordnung der menschlichen Beziehungen geführt"[1]. Diese Neuorientierung wird am deutlichsten in der Pastoralkonstitution des Konzils, die mit den programmatischen Worten beginnt: „Freude und Hoffnung, Trauer und Angst der Menschen von heute, besonders der Armen und Bedrängten aller Art, sind auch Freude und Hoffnung, Trauer und Angst der Jünger Christi. Und es gibt nichts wahrhaft Menschliches, das nicht in ihren Herzen seinen Widerhall fände" (GS 1). Das Zweite Vatikanum brachte eine epochale Neuorientierung der Kirche. Darauf wird einzugehen sein. Die „Welt" nahm mit Erstaunen zur Kenntnis, dass sie nicht mehr als Verurteilte erschien, sondern in der Kirche eine Verbündete fand. Eine große Stunde der katholischen Kirche schien anzubrechen. Hoffnung und Mut erfüllte sie; sie war dialogbereit und wurde weithin respektiert.

Die Enzyklika „Humanae vitae"

Es ist unschwer festzustellen, dass diese Stimmung nicht auf die Dauer durchgehalten werden konnte. Weitreichende Bedeutung für viele Katholiken hatte die Enzyklika Papst Pauls VI. (1963–1978) *„Humanae vitae"* (1968) mit ihrem Verbot künstlicher Empfängnisregelung. Viele Katholiken hatten auf ein Wort des Papstes gewartet, um das eigene Gewissen in dieser sensiblen Frage zu entlasten. Als dieses Wort gegen die Erwartung ausfiel, war die Enttäuschung umso größer. Obrigkeitshörigkeit und Freiheitsdrang waren hier eine eigenartige Allianz eingegangen, die zu einer Woge der Empörung führte. Dabei hat das Autoritätsdenken in der Kirche einen entscheidenden Schlag empfangen. In diesem Sinn war diese Enzyklika sicher von kirchenge-schichtlicher Bedeutung. An einer Frage, die mehr für das praktische Leben als für die theoretische Auseinanderset-zung Bedeutung hatte, empfing die Autoritätshörigkeit eine empfindliche Schwächung. Kirchliche Äußerungen zur Sexualmoral wurden zunehmend als wirklichkeitsfremd und folglich auch für viele Katholiken als weithin irrelevant empfunden. Die offizielle kirchliche Position hat sich weit-hin auf die Darlegung hehrer Prinzipien zurückgezogen, die vielleicht von vielen Gläubigen als Ideale akzeptiert werden, für die praktische Lebensgestaltung und insbesondere für die Gesellschaftsordnung aber kaum noch anwendbar er-scheinen und damit an Bedeutung zu verlieren drohen.

In der aufgeregten Situation nach der Veröffentlichung von *„Humanae vitae"* beschlossen die Bischöfe in Deutsch-land, eine gemeinsame Synode durchzuführen. Sie tagte 1971–1975 in Würzburg. Es bestand das Grundvertrauen, dass auch jene, die sich kritisch engagierten und überkom-mene Formen und Lehraussagen in Frage stellten, dies aus Liebe zur Kirche taten. Es wurden programmatische Texte verabschiedet, allen voran ein Grundsatzpapier mit dem Titel: „Unsere Hoffnung. Ein Bekenntnis zum Glauben dieser Zeit". Hier wird das Glaubensbekenntnis durchbuchstabiert unter dem Aspekt der Hoffnung als der Zukunftsgestalt des Glaubens. Es macht deutlich, wie die Grundaussagen des Glaubens dem Menschen, der Welt und der Gesellschaft Hoffnung vermitteln können. Die Synode war ein Hoffnungszeichen für die Kirche, nicht allein in Deutschland. Doch bald machte sich eine erneute Ernüchterung breit. Verantwortliche der Kirche in Deutschland, insbesondere aber vatikanische Stellen hielten sich nicht an die Beschlüsse der Synode. Auf die Voten und Eingaben, die man nach Rom richtete, ist man dort nicht eingegangen. Hoffnungen auf großzügigere Regelungen, etwa in der Zulassung wiederverheirateter Geschiedener zu den Sakramenten, von nicht-katholischen Christen zur Eucharistie, in der Mitwirkung der Diözesen bei der Ernennung von Bischöfen wurden nicht aufgegriffen. Enttäuschte Hoffnungen schmerzen auch dann, wenn sie vielleicht von vorneherein nicht sehr realistisch waren.

Die Amtsdiskussion

Von weitreichender Bedeutung war die Diskussion um das kirchliche Amt. Das Konzil hat die Bischöfe und die Laien deutlich aufgewertet, das priesterliche Amt dagegen fand kaum eine angemessene Behandlung. Man definierte den Priester als Amtsträger zweiter Klasse, ganz vom Bischof abhängig. Durch die Einführung des Diakonats als ständigem Amt in der Kirche wurde der Raum, der dem Priester allein zukommt, immer enger. Die Frage nach seinem Selbstverständnis und seiner Identität wurde dringend. Diese theologische Problematik traf auf eine Zölibatsdiskussion, die zwar nicht neu war, aber mit einer bislang nicht gekannten Schärfe auch in den Gemeinden geführt wurde. Die Folge war eine zunehmende Rollenunsicherheit vieler Priester und ein einschneidender Rückgang der Zahl der

Priesteramtskandidaten; die Zahl der Amtsniederlegungen schnellte gleichzeitig in die Höhe. Die Diskussion lief in verschiedenen Wellen über die Stellung des Diakons, die Einführung des Pastoralreferenten, die „Viri probati", d. h. der Weihe von in der Ehe bewährten Männern zu Priestern ohne Zölibatsverpflichtung, das Recht der Gemeinden auf sonntägliche Eucharistiefeier. Bei nicht wenigen Betroffenen hat diese Diskussion eine gewisse Resignation zurückgelassen.

Eine besondere Stellung nahmen in der Öffentlichkeit manche Bischofsernennungen ein, die den Eindruck vermittelten, hier sollten mit päpstlicher und bischöflicher Macht Entwicklungen gestoppt oder rückgängig gemacht werden, mit denen sich weitreichende Hoffnungen in den Gemeinden verbunden hatten. Die Einsetzung von Bischöfen unter Umgehung, verschiedentlich auch im eklatanten Widerspruch zur Ortskirche, dem Klerus und der Basis wurde dann als unvereinbar mit den Grundforderungen der Neuzeit nach Freiheit und Partizipation empfunden. Kein Zufall, dass sich daran, noch ganz unabhängig von den Personen, immer wieder Kontroversen entzündet haben. Dabei wurden auch die Aufgaben des Papstes diskutiert und sein Recht, an allen Instanzen und an den Bischöfen und den Bischofskonferenzen vorbei Entscheidungen für die Ortskirchen zu treffen.

Jedenfalls kam es zu einer Polarisierung innerhalb des Klerus und manche Gemeinden gewannen den Eindruck, die Kirche würde sich mehr um die Aufrechterhaltung eines nicht unproblematischen Prinzips bemühen, als um die seelsorgliche Betreuung der Pfarreien in Wort und Sakrament.

Der Aufbruch der Laien

Der Einbruch in der Zahl der Priester, die Erkenntnis, dass sich ihre Zahl auch weiterhin dramatisch verringern wird,

16

hat in vielen Fällen zu einer Aktivierung der Laien geführt. Laien haben Verantwortung übernommen, sie haben sich hauptamtlich, etwa als Pastoralreferenten oder Gemeindereferenten und nebenamtlich in vielen Gremien, Räten und Initiativen in den Pfarreien engagiert und die christliche Botschaft in neuer Weise realisiert und zu Gehör gebracht. Die so genannte Basis hat sich selbst als Volk Gottes entdeckt. Sie ist mündig geworden, selbstbewusst und nicht mehr nur ausführendes Organ hierarchischer Vorgaben. Von den Lektoren und den Kommunion-Austeilern über die Firmhelfer, die Besuchsdienste und den Pfarrgemeinderat haben Christen vielfältige Aufgaben übernommen, ganz zu schweigen von den inzwischen unverzichtbaren Diensten hauptamtlicher Laientheologen auf pfarrlicher und überpfarrlicher Ebene. Aus versorgten Pfarreien wurden in vielen Fällen Gemeinden, in denen das christliche Engagement aus den eigenen Reihen heraus lebendig ist und die Grundvollzüge von Verkündigung, Gottesdienst und Diakonie eigenständig geleistet werden, weil sie sonst nicht mehr erfüllt werden können. Die Aktivierung der Basis und ihres Interesses an der Kirche ist ein Phänomen der nachkonziliaren Kirche und von ihr nicht mehr wegzudenken. Unnötig anzufügen, dass dies auch Anlass zu manchen Konflikten geworden ist. Bleibender Stachel aber ist die Tatsache, dass in vielen Pfarreien der Sonntagsgottesdienst nicht mehr als Eucharistie gefeiert werden kann. Dies stellt zweifellos einen tief greifenden Einschnitt dar, der mit dem Verständnis des Sakraments und der Kirche im Grunde nicht vereinbar ist.

Die Kirche und die Kirchen

Kirche wird heute in der Pluralität von Kirchen erfahren. Ein geschlossenes katholisches Milieu ist die große Ausnahme, nicht mehr die Regel. Wer heute Kirche erfährt, wird mit dem Faktum der Kirchenspaltung konfrontiert. Dabei wird zumeist dankbar angenommen, dass sich das ökumenische Klima verbessert hat. Kirchen und ihre Vertreter begegnen sich nicht nur tolerant, sondern vielfach freundschaftlich, sie treten nicht selten nach innen und nach außen gemeinsam auf. Im Empfinden vieler Christen ist die gegenseitige Anerkennung in einer „versöhnten Verschiedenheit" bereits Wirklichkeit geworden. Umso größer ist die Betroffenheit, wenn in konkreten Situationen wieder Reibereien zwischen den Konfessionen auftreten, die man eigentlich nicht mehr für möglich gehalten hätte: Etwa im Verbot ökumenischer Gottesdienste am Sonntag; in manchen restriktiven Regelungen, die auch heute noch für Eheschließung von gemischt-konfessionellen Paaren gelten, insbesondere aber in der Verweigerung der Eucharistiegemeinschaft über Konfessionsgrenzen hinweg. Das stößt oft auf Unverständnis und führt zu harscher Kritik, nicht selten auch zu einem Verlust an Glaubwürdigkeit und zu einer Praxis gegen die amtlichen Vorschriften.

Eine plurale Religiosität

Die Kirchen sind auf dem Weg, sich als Minderheit in unserer Gesellschaft zu verstehen. Im Prozess der so genannten Säkularisierung trat im Verlauf der Neuzeit die religiöskirchliche Weltdeutung in den Hintergrund. Sie wurde durch den Aufweis innerweltlicher Zusammenhänge und Geschehensabläufe ersetzt. Darüber hinaus haben die Kirchen gesellschaftliche Machtpositionen verloren. Sie werden heute als Interessensgruppen akzeptiert, aber sie sind nicht mehr das Gewissen des Staates und der Gesellschaft, eher werden sie als Repräsentanten einer Minderheit verstanden. Das Monopol in ethischen Fragen haben sie weithin verloren. Und im Augenblick scheint es, dass sie auch das Monopol in der religiösen Thematik verlieren. Wir begegnen heute einer verbreiteten außerkirchlichen, vielfach auch außerchristlichen Religiosität. Menschen wählen aus dem breiten Angebot der verschiedensten Religionen und esoterischen Bewegungen das aus, was im konkreten Falle nützt oder auch Spaß macht, ohne sich an eine Kirche, ihre Bekenntnis und ihre konkrete Lehraussage zu binden. Die religiöse Welt ist höchst unübersichtlich geworden, nicht unähnlich der Marktsituation. Und „Markentreue" scheint wenig gefragt zu sein.

Doch religionslos ist unsere Welt keineswegs. Wolfgang Frühwald, Literaturwissenschaftler und ehemaliger Präsident der Deutschen Forschungsgemeinschaft, sprach gar von einer „von Religionsbereitschaft geradezu dampfenden Welt"[2]. Aber diese Religion ist wenig kirchlich strukturiert, sie ist weithin außerhalb fester institutioneller Grenzen angesiedelt. Die Krise der Gegenwart ist nicht eine Krise der Religion, sondern der Kirchen. Oder anders gewendet: Die Kirchen scheinen heute wenig in der Lage, eine rechte Antwort auf die religiöse Sehnsucht der Zeit zu formulieren.

Der Fundamentalismus

Ein Überblick über die derzeitige Erfahrung von Religion und Kirche wäre höchst unvollständig, wenn nicht auch das Phänomen eines neuen Fundamentalismus genannt würde. In scharfem Gegensatz zu Bemühungen des Konzils und der nachkonziliaren Reformbewegungen, die Kirche und ihre Botschaft mit den Herausforderungen der Moderne zu versöhnen, das heutige Wirklichkeits- und Wahrheitsverständnis für die Formulierung der christlichen Botschaft nutzbar zu machen, stehen Strömungen, die unter dem Begriff des Fundamentalismus zusammengefasst werden. Fundamentalismus ist eine höchst vielgestaltige Erscheinung; er hat inzwischen auch innerhalb der katholischen Kirche Platz gegriffen. Entstanden ist dieser Begriff als Eigenbezeichnung in einer Schriftenreihe, die in den Vereinigten Staaten

1910–1915 unter dem Thema „Fundamentals" publiziert wurde, und die konservativ-evangelistische Gruppierungen versammelte. Sie richteten sich gegen die moderne Theologie und ihre historisch-kritische Arbeit an der Heiligen Schrift. Insbesondere die Evolutionstheorie schien dem Glauben an die Irrtumslosigkeit der Schrift zu widersprechen und darum als mit der christlichen Botschaft unvereinbar zu sein. In der Folgezeit wurde der Begriff „Fundamentalismus" auf unterschiedliche Strömungen angewandt, denen es gemeinsam war, sich den Forderungen der Moderne zu entziehen. Dies galt vor allem für jene Tendenzen im Islam, „die den absoluten Wahrheitsanspruch der heiligen Texte und der Überlieferung gegen jede moderne Kritik verfechten, die moderne westliche Wissenschaft verdammen und eine Einheit von Religion und Politik erstreben"[3]. Seit den 80er Jahren heißen Fundamentalisten auch die Vertreter der grün-alternativen Bewegung, soweit sie mit einem universellen Heilsanspruch auftreten, einem „Alles oder Nichts" folgen, der Unfähigkeit zum Kompromiss und folglich der „Rückkehr des Absoluten in die Politik"[4] verhaftet sind. Und seit den 90er Jahren ist der katholische Fundamentalismus zu einem kontrovers diskutierten Problem geworden.

Fundamentalismus lässt sich beschreiben als der Versuch, die Wirklichkeit durch eine Reduktion der Komplexität überschaubar zu machen. Unsere Welt ist im Laufe der Neuzeit immer komplexer geworden. Angesichts dieser Überforderung des Einzelnen ist das Versprechen einer einfachen Weltdeutung und die Einbeziehung aller Widersprüche in einen alles erklärenden Kosmos faszinierend. Gerade in Kulturen, die sich in überstürzter Eile dem abendländischen Lebensstil, seiner Technik und Wirtschaft, seinem Sozialgefüge und seinem Fortschrittsoptimismus geöffnet haben, sind diese Strömungen lebendig. Fundamentalismus verspricht eine Lösung dieser Komplexität, indem er Widersprüche ausmerzt, die verbleibenden Welten ordnet und sie alle in einem universell gültigen Wertesystem platziert. Er ist der Versuch, in einer immer komplexer und vieldeutiger werdenden Welt zu klaren, leicht überschaubaren, bewährten und damit Sicherheit gebenden Strukturen, Denk- und Handlungsmustern zurückzukehren.

Mit der Flucht vor der Unübersichtlichkeit in eine klare Ordnung verbindet sich die Kritik an einer Wissenschaft, insbesondere an einer Theologie, die oft mehr Fragen aufwirft, als sie Antworten zu bieten hat. Angesichts eines methodischen Zweifels, vor dem nichts gültig zu bleiben scheint, klammert sich der Fundamentalismus an das scheinbar Bewährte und immer so Gewesene und lässt dies nicht erschüttern. Er beansprucht, ein unfehlbares Heilswissen zu besitzen, das durchgesetzt werden muss, gegebenenfalls auch mittels der Gewalt. Der Fundamentalismus ist ein Phänomen von Minderheiten, von marginalisierten Gruppen, die sich im Besitz einer unfehlbaren Heilswahrheit wähnen und die nur im Schema von Entweder – Oder, von Freund und Feind denken. Der Kompromiss als die Form, wie in einer pluralen Gesellschaft unterschiedliche Weltdeutungen zusammenleben können, wird von vornherein als „fauler Kompromiss" desavouiert. Fundamentalismus ist zumeist kein ursprüngliches Phänomen. Heute ist er eine Reaktion auf die Moderne, die pauschale Ablehnung neuzeitlicher Entwicklung und ihrer Unübersichtlichkeit. Er entsteht unter Menschen, die die Herausforderungen der Neuzeit und ihre zweifellos hohen Anforderungen kennen gelernt haben, sich ihnen aber nicht stellen und die Freiheitsforderung für zerstörerisch für den Einzelnen und für die Gesellschaft erachten. Der Rückzug auf angeblich bewährte Wahrheiten und auf eine unbefragte Autorität soll vor der Forderung nach Freiheit bewahren. Kant hatte Recht, als er formulierte: „Es ist so bequem, unmündig zu sein"[5].

Strömungen, die solchen Tendenzen folgen, gibt es zweifellos auch in der Kirche. Sie bestimmen zu einem guten Teil das Bild, das in der Öffentlichkeit von ihr gezeichnet wird.

Kontroversen zwischen den Progressisten, die in ihrer Anpassung an moderne Fragestellungen und Herausforderungen vielleicht manchmal in die Gefahr kommen, die überkommene Botschaft in Frage zu stellen, und Fundamentalisten, die das Heil in der Bewahrung des Überkommenen suchen, und dieses vor jeder Veränderung und Modernisierung schützen wollen, kennzeichnen die kirchliche Szene. Sie geben das Thema für zahlreiche Konflikte, die die öffentliche Aufmerksamkeit finden.

Kirche steht nicht erst heute, sondern von ihrem Ansatz und ihrem Auftrag her in der Spannung von überkommener Botschaft und der Herausforderung der jeweiligen Zeit und Kultur, im heutigen Westeuropa zwischen Autoritätsanspruch und Freiheitsforderung, zwischen Subjektivität der Vielen und einer überkommenen, oft unmodernen Institution. Es war wohl selten so schwierig wie heute, in diesem Spannungsfeld den rechten Weg zu finden, und zwar für jeden Einzelnen ebenso wie für die Kirche als Institution.

In der hier vorgestellten Darstellung von Kirche soll ein Weg zwischen den Extremen gesucht werden. Es gilt, die überkommene Botschaft zu bewahren, sie weiter zu überliefern, sie aber so zu formulieren, dass sie heute als Antwort auf die Fragen verstanden wird, die die Menschen bewegen und umtreiben. Dazu soll zunächst in einem ausführlicheren Blick auf die neutestamentliche Botschaft dargestellt werden, wie bei Jesus von Nazaret und in seinem Jüngerkreis Kirche präfiguriert ist, wie sie gestaltet und gelebt wurde. Diese neutestamentliche Botschaft ist bleibende Norm unter der die Kirche angetreten ist, und die in die jeweilige Zeit hinein übersetzt werden muss.

2. Die Botschaft von der Kirche im Neuen Testament

Die Schriften des Neuen Testamentes sind geschrieben aus dem Glauben an die Auferstehung und die Geistsendung. Dies gilt nicht nur für die neutestamentliche Briefliteratur, sondern auch für die Evangelien, die auf das Leben Jesu zurückblicken aus der Überzeugung, dass derjenige, der nun als der auferstandene Herr, der *Kyrios* geglaubt wird, als Mensch auf Erden lebte und als dieser die Zeichen wirkte und seine Verkündigung vorgetragen hat. Aus diesem Glauben heraus schauen die Evangelisten zurück auf Jesu Wort und seine Taten. Auch die Evangelien sind Glaubenszeugnisse, die nach Ostern entstanden sind, nicht einfach Protokolle über Worte und Taten des irdischen Jesus. Doch als Quellen für den historischen Jesus und seine Verkündigung sind wir auf die synoptischen Evangelien verwiesen. Die Synoptiker haben Texte und Erzählungen gesammelt, in denen der Erhöhte als derjenige erscheint, der in einer menschlichen Biographie auf Erden lebte und als Mensch die göttliche Botschaft verkündet hat.

Jesus und die Kirche – das Problem der Kirchengründung

Wenn wir auf die Botschaft der synoptischen Evangelien blicken, fällt auf, dass im Munde Jesu das Wort Kirche, *ekklesia*, nur an zwei Stellen vorkommt: Mt 16,18, im Wort vom Bauen der Kirche, und Mt 18,18, wo von der so genannten „brüderlichen Zurechtweisung" gehandelt wird. Beide Texte zeigen deutlich, dass hier die nachösterliche Situation bereits mit reflektiert wird, dass wir es nicht einfach mit einer protokollarischen Wiedergabe von Formulierungen Jesu zu tun haben. Offensichtlich ist in der Verkündigung Jesu das Wort *ekklesia*, Kirche, nicht oder praktisch nicht vorgekommen. Zudem: Jesus verkündete die Botschaft vom Reich Gottes, und zum Reich Gottes gehört unabdingbar die Universalität. Jesus hat offensichtlich nicht an eine Sondergemeinschaft gedacht, er hat sich keiner der Gruppen angeschlossen, die innerhalb des Judentums seiner Zeit einen heiligen Rest, ein heiliges Israel, einen Rest Israel verkündeten und propagierten. Jesus hat sich immer an ganz Israel gewandt. Er wollte das Volk Gottes als Ganzes wiederherstellen, und an entscheidenden Stellen berichten die synoptischen Evangelien, dass Jesus den Rahmen Israel gesprengt hat und sich an die ganze Welt wandte. So beginnt das Evangelium des Matthäus mit der Huldigung der Weisen aus den fernen Ländern und es endet mit dem Taufbefehl, wo es heißt, die Jünger sollen hinausgehen in alle Welt, das Evangelium allen Geschöpfen verkünden und alle Menschen zu Jüngern machen (Mt 28,19). Bei Lukas bilden Himmelfahrt und Geistsendung die Achse, die den historischen Jesus und die frühe Kirche miteinander verbindet. Dies will besagen und anschaulich machen, dass in der Kraft des Geistes die Grenze Israels gesprengt wird und die Botschaft Jesu sich weltweit ausbreitet. Jede Vorstellung von einer Sondergemeinschaft, die ausgewählt ist aus dem Volk, scheint mit diesem Befund unvereinbar.

In der Deutung dieser Tatsachen hat man verschiedentlich gefolgert: „So ist denn Jesus nicht das, was man gemeinhin unter einem Religionsstifter oder einem Kirchengründer versteht. Er dachte nicht an die Gründung und Organisation eines zu schaffenden religiösen Gebildes". Kirche ist demnach „Gemeinschaft der an Christus Glaubenden. Nicht von Jesus gegründet, sondern nach seinem Tod mit Berufung auf ihn als den Gekreuzigten und doch Lebendigen entstanden"[6]. Gegen diese Aussage hat sich Karl Rahner gewandt, der überzeugt ist, dass es sehr wohl eine „Herkünftigkeit" der Kirche vom historischen Jesus gibt, und, dass diese sich auch historisch deutlich machen lässt. Er schreibt: „Jesus hat die Kirche gegründet, auch wenn wir heute deutlicher und unbefangen wissen und sagen müssen, dass dieser Satz differenzierter verstanden werden muss und darf, als es in der fundamentaltheologischen Ekklesiologie bis zum Zweiten Vatikanum einschließlich, geschehen ist"[7]. Es gilt darüber nachzudenken, wo Kirche im Wort und im Werk Jesu angelegt ist, so dass – sicher erst nach seiner Auferstehung und der Geistsendung – sich daraus Kirche entwickeln und auf Jesus zurückbeziehen kann.

Die Verkündigung Jesu von Gottes Herrschaft und Reich

Nach allem, was wir vom historischen Jesus wissen, trat er auf als der Bote vom Reich Gottes. „Die Zeit ist erfüllt, das Reich Gottes ist nahe. Bekehret Euch und glaubt an das Evangelium" (Mk 1,14f). Dies ist gleichsam die Zusammenfassung seiner Verkündigung. Wenn im Matthäus-Evangelium an die Stelle des Wortes vom Gottesreich der Begriff „Himmelreich" tritt, so ist das aus dem jüdischen Verbot zu erklären, den Gottesnamen auszusprechen. Er wurde durch Ersatzbegriffe, etwa durch „Himmel" umschrieben. Wenn Matthäus, der sich an Juden und Judenchristen wandte, vom Himmelreich spricht, ist damit nicht ein Ort fern der Erde im Himmel gemeint, sondern das Reich und die Herrschaft dessen, der im Himmel ist, der mit „Himmel" gemeint ist. Es geht nicht um ferne Regionen, sondern um die Verkündigung, dass Gott Herrscher dieser Welt ist, dass sein Wille sich durchsetzt, und zwar in unmittelbar bevorstehender Zukunft.

Hinsichtlich der zeitlichen Erwartung dieses Gottesreiches wurden in der Theologie vielfältige Kontroversen ausgetragen. Letztlich wird man sagen müssen, dass die Erwartung, die Jesus vorträgt, eine doppelte Sinnspitze hat: Er verkündete das baldige, unmittelbar bevorstehende Hereinbrechen des Reiches Gottes; seine Botschaft ist aber auch von der Überzeugung und von dem Anspruch geprägt, dass mit seinem Wort, seinem Tun, seinen Wunderzeichen dieses Reich Gottes bereits angebrochen, dass es schon gegenwärtig ist. Jesus verkündet den nahe bevorstehenden Anbruch des Reiches Gottes, er ist aber gleichzeitig überzeugt, dass in seinem Wort und Werk, letztlich auch in seinem Tod dieses Reich bereits gegenwärtig und für die Menschen zugänglich geworden und eröffnet ist. Futurische und präsentische Aussagen stehen nebeneinander. So heißt es auf der einen Seite: „Ich sage euch: Diese Generation wird nicht vergehen, bis das alles eintrifft" (Mk 13,30) und: „Ich sage euch: Von denen, die hier stehen, werden einige den Tod nicht erleiden, bis sie gesehen haben, dass das Reich Gottes in seiner ganzen Macht gekommen ist" (Mk 9,1). Auf der anderen Seite sagt Jesus nach dem Zeugnis des Lukas-Evangeliums bei seiner Antrittspredigt in Nazaret, in der er einen apokalyptischen Text aus dem Propheten Jesaja auslegt: „Heute hat sich das Schriftwort, das ihr eben gehört habt, erfüllt" (Lk 4,21). Im selben Evangelium heißt es über die Taten, die Jesus wirkt: „Wenn ich aber die Dämonen durch den Finger Gottes austreibe, dann ist doch das Reich Gottes schon zu euch gekommen" (Lk 11,20). Und als Johannes im Gefängnis seine Jünger zu Jesus sendet und sie fragen lässt: „Bist Du der Kommende oder sollen wir auf einen anderen warten", gibt Jesus die Antwort: „Geht und berichtet Johannes, was ihr hört und seht: Blinde sehen wieder und Lahme gehen; Aussätzige werden rein, Taube hören; Tote stehen auf, und Armen wird das Evangelium verkündet. Selig ist, wer an mir keinen Anstoß nimmt" (Mt 11,4–6). Hier greift Jesus das Wort aus dem Propheten Jesaja auf, wo vom eschatologischen Tag vorhergesagt wird, dass dann diese Wunder und Zeichen geschehen werden. Das Neue Testament sieht im Wirken Jesu die Verheißung des Jesaja erfüllt.

Was das Alte Testament erwartet hat, die eschatologischen Heilszeichen, auf die es hingeordnet war, sind nach biblischer Botschaft in den Taten Jesu in Erfüllung gegangen. Diese sind nicht primär Machtzeichen und Belege für seine Vollmacht, sondern sie sind Darstellungen, gleichsam Illustrationen, was Reich Gottes bedeutet: Dass nicht durch unser Tun, sondern durch Gottes Wirken die Macht der Krankheit, des Todes gebrochen, dass unsere Welt eine dem Menschen freundliche Welt ist, dass Not und Hunger und Leid überwunden sind, dass dort, wo Jesus wirkt, die Macht des Bösen überwunden ist.

Diese Doppelgestalt von futurischer und präsentischer Eschatologie wird in der Theologie zusammengefasst mit dem Wort vom „Schon und Noch nicht" des Gottesreichs. Dies bedeutet aber keineswegs ein spannungsloses Sowohl – Als Auch. Vielmehr ist die zentrale Aussage, dass der entscheidende Wendepunkt der Geschichte im Tun Jesu, in seinem Wort, in seinem Werk, in seiner Auferstehung und Geistsendung bereits stattgefunden hat. Jesus ist die Mitte der Geschichte, in seinem Werk wurde die entscheidende Wende vollzogen, in ihm ist die Macht des Bösen besiegt. Die Mitte der Geschichte liegt nicht mehr vor uns, so dass wir auf sie warten müssten, sondern sie hat sich bereits ereignet, sie ist an einem Punkt historisch konkret geworden. Die Erwartung, das Eschaton ist nicht mehr einfachhin ausständig, sondern es ist die Konkretisierung dessen, was im Tod und in der Auferstehung Jesu bereits geschehen ist, für die Wirklichkeit als Ganze. An Jesu Tod und Auferstehung ist das Geschick der Welt, ihr Ziel und ihre endgültige Bestimmung bereits ablesbar; in Jesu hat sich vorweg verwirklicht, was das Eschaton bedeutet.

An dieser Stelle unterscheiden sich jüdische und christliche Erwartung: Während sich die jüdische Hoffnung auf eine Zukunft ausstreckt, in der der Messias kommen und das Heil bringen wird, blickt christlicher Glaube zurück auf die Geschichte des Jesus von Nazaret in der Überzeugung, dass sich in ihm das Eschaton bereits ereignet hat. Entscheidend ist nicht so sehr, was kommen wird, sondern was bereits gekommen ist; dies wird auch die Zukunft bestimmen. Diese ist die Zukunft dessen, der auferstanden ist, und der thront zur Rechten des Vaters. Die Achse der Zeit liegt in der Vergangenheit. Ein Vergleich kann es verdeutlichen: In einem Krieg können die Entscheidungsschlacht und der endgültige Sieg zeitlich weit auseinander fallen. Auch nach der Entscheidungsschlacht kann der Krieg noch weitergehen, er kann lange andauern, er kann noch sehr grausam sein. Dennoch ist die Entscheidung bereits gefallen und der endgültige Sieg ist lediglich Konsequenz dessen, was bereits geschehen ist. So auch in Jesus und seinem Werk. Der entscheidende Sieg über die widergöttlichen Mächte ist bereits errungen, die Entscheidungsschlacht ist schon geschlagen. Was kommen wird, ist die Konsequenz dessen, was bereits Wirklichkeit ist. Die Geschichte ist nicht mehr „open end". An einem Punkt ist anschaubar, was als ewiges und endgültiges Heil verheißen ist.

Diese Zwischenzeit zwischen der Auferstehung Jesu, der alles wendenden Entscheidungsschlacht in der Geschichte, und der vollen Erfüllung aller Hoffnungen im Reich Gottes, ist die Zeit der Kirche. Sie ist davon bestimmt, dass das Heil Jesu Christi schon präsent ist, dass es aber die Wirklichkeit als ganze noch nicht ergriffen hat. Kirche hat dieses schon geschenkte Heil zu propagieren, sie hat Zeichen dafür zu sein und Werkzeug, dass es sich durchsetzen wird. Aber sie weiß auch, dass das Heil nicht in ihrer Macht steht, dass sie es nicht bewirken kann und nicht herstellen muss. Sie soll Zeichen und Werkzeug für das sein, was schon ist, und was wir gleichzeitig erhoffen. Das ist ihre Sendung.

Israel und die Kirche

Jesus verkündet keine Sondergemeinschaft. Er wendet sich an Israel, das er versammeln und in seiner Integrität wiederherstellen will. Das Heil, das er verheißt, gilt nicht nur Einzelnen, vielleicht allen Einzelnen, sondern es ist dem Volk verheißen, das Gott sich bereitet, das er „gemacht" hat. Gott rettet, indem er die Menschen zu einem Volk versammelt. Volk Gottes ist zunächst Israel. Es gibt nach biblischem Sprachgebrauch nur ein Volk. Der hebräische Begriff *am*, Volk, griechisch *laós*, erscheint darum in der Bibel zumeist im Singular. Wenn von anderen Völkern die Rede ist, verwendet das AT zumeist das Wort *gojim*, was in der griechischen Übersetzung dann mit *ethnoi*, die Nationen, wiedergegeben wird. *Laós* ist nicht einfachhin die Volksmenge, die einfachen Leute, sondern es ist das von Gott bereitete Volk, das nicht auf militärischen Erfolgen, sondern auf Berufung und auf der Gemeinschaft im Gottesdienst beruht. Israel ist Volk Gottes, weil Gott es dazu gemacht hat, nicht weil es sich selbst dazu entschlossen hätte, es zu sein.

Das Volk wird konstituiert durch die gemeinsame Abstammung von den Vätern, sein Fundament sind der Glaube und die Treue zum Gesetz. Darin antwortet es auf den Bund, den Gott mit ihm geschlossen hat, und durch den es seine Identität findet. Die gesamte Geschichte erscheint hier als Offenbarung des göttlichen Heilswillens und Heilsplanes, der Israel als pilgerndes Gottesvolk dem Heil entgegenführt. Es steht dabei in Kontrast zu den Nationen. Es darf nicht so sein wie diese, es gründet primär in Gottes Willen und nicht in militärischem und politischem Kalkül. So ist die gottesdienstliche Erinnerung an den Auszug aus Ägypten und an den Bundesschluss konstitutiv für seine Existenz. All dies gilt für Israel stellvertretend für die Nationen. In Israel sollen die Völker das Heil erlangen. Israel erfüllt seine Aufgabe stellvertretend für die Nationen. Doch Israel ist in seinem Glauben und in seiner Treue immer angefochten, es ist Gottes Volk, aber es ist sündiges Gottesvolk. Es ist zur Umkehr aufgerufen bis hin zu dem Punkt, dass ihm die Verwerfung angekündigt wird und ein neuer Bund, den Gott Jahwe mit den Völkern schließen wird, verheißen wird.

> **Jer 31,31–33: Die Ankündigung eines neuen Bundes**
> [31] Seht, es werden Tage kommen – Spruch des Herrn –, in
> denen ich mit dem Haus Israel und dem Haus Juda einen
> neuen Bund schließen werde, [32] nicht wie der Bund war,
> den ich mit ihren Vätern geschlossen habe, als ich sie
> bei der Hand nahm, um sie aus Ägypten herauszuführen.
> Diesen meinen Bund haben sie gebrochen, obwohl ich ihr
> Gebieter war – Spruch des Herrn. [33] Denn das wird der
> Bund sein, den ich nach diesen Tagen mit dem Haus Israel
> schließe – Spruch des Herrn: Ich lege mein Gesetz in sie
> hinein und schreibe es auf ihr Herz. Ich werde ihr Gott
> sein, und sie werden mein Volk sein.

Angesichts dieser Untreue und des Unglaubens ruft Jesus
Israel zur Umkehr. Das Volk steht vor der Entscheidung,
seine letzte Chance zu ergreifen oder sie zu verfehlen. Die
Botschaft Jesu richtet sich an Israel. So lautet eine erste Antwort auf die Frage, ob sich die christliche Kirche zu Recht
auf die Botschaft Jesu beruft, dass sich Jesus an sein Volk
wandte. In dieses Volk werden bei Jesus dann auch jene aufgenommen, die nicht von den Vätern abstammen, die also
nicht dem Fleische nach zu Israel gehören, sondern die
durch den Glauben, das Vertrauen auf Jesus dazu gezählt
und aufgenommen werden. *Volk Gottes* ist der umfassende
Rahmen, der Israel und die Kirche zusammenbindet. Das
bedeutet: Kirche muss Israel immer mitbedenken. Innerhalb
des Volkes Gottes gibt es nach biblischer Aussage einen
Alten Bund und einen Neuen Bund, nicht aber gibt es ein
neues Volk Gottes, das das alte Gottesvolk abgelöst hätte.
Verschiedentlich wurde im Umkreis des Zweiten Vatikanums, das den Volk-Gottes-Begriff ins Zentrum der Ekklesiologie stellte, von Kirche als vom „neuen Volk Gottes" gesprochen. Gerade das tut das Neue Testament nicht. Volk
Gottes ist vielmehr die umfassende Größe, aus der das Volk
des Alten Bundes keineswegs entlassen wurde. Es gibt ein

Volk Gottes aus Glaubenden des Alten und des Neuen Bundes. Es umfasst beide Bundesschlüsse, es ist nicht ein neues Volk an die Stelle des alten getreten und hätte dieses abgelöst. Volk Gottes umfasst Juden und Christen, und die Kirche ist keineswegs an die Stelle der Synagoge getreten. Die Darstellungen vor allem in der mittelalterlichen Kunst, die die Synagoge mit verbundenen Augen und abgewandtem Blick zeigen, werden dem Verständnis von Judentum und Kirche nicht gerecht. Die Synagoge ist nicht das alte, das überholte, eventuell gar das verstoßene Volk, sondern sie hat nach wie vor Anteil an Gottes Volk. Was von den Existenzgrundlagen des Volkes Gottes im Alten Bund gesagt wurde – dass es von Gott geschaffen ist, den Glauben zum Fundament hat, dass es pilgerndes Gottesvolk ist, auf gottesdienstlicher Erinnerung beruht und auch dass es sündiges Gottesvolk ist: Alles das gilt nicht allein für Israel, es gilt auch für die Gemeinschaft derer, die durch den Glauben an Jesus ebenfalls in das Volk Gottes aufgenommen werden. Schon vor Christus, bereits im Alten Testament gab es Volk Gottes, und ihm gilt ungebrochen die Gnadenwahl Gottes. Kirche ist damit auf Israel hin offen. Sie kann ohne Israel nicht gedacht werden. Dies ist nicht gesagt im Sinne einer Vereinnahmung, sondern es bedeutet, dass die Existenzweise, die für Israel grundlegend ist, auch in der Kirche weiterhin gilt. Israel ist der ältere Bruder. So lautet eine erste Aussage auf die Frage, ob Jesus eine Kirche gegründet hat, dass er sich an das Volk Gottes gewandt hat, und, dass jene, die glauben, in dieses Volk aufgenommen sind.

Jesus als der Messias

Die Kirche bekennt Jesus als Messias. Selbst wenn Jesus den Messiastitel für sich wohl nicht verwendet hat, um politische Missdeutungen zu vermeiden, so wird er doch bereits in den synoptischen Evangelien eindeutig als der Messias tituliert.

Der Messias aber ist keine Privatperson, zu ihm gehört die messianische Gemeinde, das heilige Volk, das er rettet und befreit. Mit dem Bekenntnis: Jesus ist der Messias, oder, wie es im griechischen Kontext dann lautet: Jesus ist der Christus, oder verkürzt *Jesus Christus*, verbindet sich der Gedanke an ein Volk, an eine messianische Gemeinde. Wenn Jesus als der Messias, der Christus anerkannt wird, erweisen sich seine Worte und seine Taten auf Gemeinde und damit auf Kirche hin geordnet.

Die Berufung der Jünger

Dies gilt zunächst für die Berufung der Jünger. Der Eintritt in das Jüngerdasein erfolgt nicht durch das Wollen des Einzelnen, sondern als Antwort auf den Ruf Jesu. Er rief die zu sich, die er selbst wollte. Damit wird ein Unterschied zur griechischen Philosophenschule und zu den Rabbinerschulen zur Zeit Jesu deutlich. Dort haben sich jeweils die Schüler ihren Lehrer gesucht. Sie sind bei ihm geblieben, solange sie etwas von ihm lernen konnten. Dann wurden sie selbst zu Meistern, die Jünger um sich sammelten. Jesus dagegen ruft nicht in eine Schule, sondern er ruft zur Bindung an seine Person. Es geht nicht um eine Lehre oder ein neues Gesetz, sondern es geht um ihn selbst. Diese Bindung ist ausschließlich, der Entscheid zur Nachfolge endgültig. Der Jünger bleibt Jünger, bleibt Lernender, selbst wenn er einmal lehren sollte. Er hat nie „ausstudiert".

Die Jünger als diejenigen, die Jesus nachfolgen, zunächst im örtlichen, dann aber auch im übertragenen Sinn, bilden eine „Kirche in nuce", eine Kirche im Kern. Sie halten seine Botschaft gegenwärtig und verrichten, wie die Apostelgeschichte zeigt, die Taten, die Jesus selbst verrichtet hat.

Dies gilt auch für die Bestellung der Zwölf und der Apostel. Dabei sind im biblischen Sprachgebrauch das Zwölfer-Kollegium und die Apostel nicht einfach identisch, das Wort von den „Zwölf Aposteln" entspricht keineswegs allen biblischen Vorstellungen. Die Zwölf erscheinen als Repräsentanten des Zwölf-Stämme-Volkes Israel. Jesus wusste sich zunächst an das Volk Israel gesandt, er verstand seinen Auftrag darin, dieses zur Umkehr zu rufen. Die Zwölf, die von Anfang an bei ihm waren, sind die Repräsentanten dieses Volkes. In dem Maß, als die Botschaft von Jesu Leben, Sterben und Auferstehen über Israel hinausgeht, wird die Institution der Zwölf abgelöst durch die Apostel. Sie haben nach dem Tod Jesu die Bedeutung, die die Zwölf während des irdischen Lebens Jesu hatten. Vor allem halten sie sein Werk und seine Botschaft präsent. Sie sind Zeugen des Lebens und der Auferstehung, und sie haben darüber hinaus eine besondere Sendung erfahren. So wird ihr Amt zurückgeführt auf den historischen Jesus selbst. Damit gewährleistet der Apostel die Kontinuität von Wort und Werk Jesu hinein in die weitergehende Geschichte der Christenheit. Insofern wird der Apostel zur grundlegenden Gestalt der christlichen Kirche. Selbst wenn der Begriff „Apostel" im Neuen Testament unterschiedlich verwendet wird, das Apostelkollegium und die Gruppe der Zwölf keineswegs in allen neutestamentlichen Schriften identisch sind, wird der Apostel als Verkünder, als Gründer von Gemeinden, als Band der Einheit zwischen den Gemeinden und als bleibender Grund der Kirche zur grundlegenden Gestalt, auf der Kirche aufbaut.

Innerhalb des Zwölfer-Kollegiums und der Gruppe der Apostel hat nach biblischer Aussage Simon Petrus eine besondere Aufgabe. Nicht zuletzt die Tatsache, dass das Wort vom Bauen der Kirche auf Petrus als dem Grundstein (Mt 16,18) eine der beiden Stellen ist, wo in den synoptischen Evangelien das Wort *ekklesia* im Munde Jesu erscheint, hat dazu geführt, in der Berufung des Petrus den entscheidenden Akt von Kirchengründung zu erblicken. Und nicht selten wurde daraus eine Sicht von Kirche abgeleitet, der zufolge die Kirche vom Papst her zu verstehen wäre, Kirche also dadurch entstanden sei, dass Jesus Petrus mit dem

Primat und der höchsten Autorität ausgestattet habe. Dies wäre eine höchst einseitige Interpretation des Matthäus-Textes. Dennoch ist festzuhalten, dass Petrus innerhalb des Apostel- bzw. des Zwölfer-Kollegiums eine bedeutende Funktion einnahm, dass er verschiedentlich als Repräsentant und Sprecher dieses Gremiums und der Jünger insgesamt erscheint.

Mt 16,13–20: Die Petrusverheißung

[13] Als Jesus in das Gebiet von Cäsarea Philippi kam, fragte er seine Jünger: Für wen halten die Leute den Menschen-sohn? [14] Sie sagten: Die einen für den Täufer, andere für Elija, wieder andere für Jeremia oder sonst einen Prophe-ten. [15] Da sagte er zu ihnen: Ihr aber, für wen haltet ihr mich? [16] Simon Petrus antwortete: Du bist der Messias, der Sohn des lebendigen Gottes! [17] Jesus sagte zu ihm: Selig bist du, Simon Barjona; denn nicht Fleisch und Blut haben dir das offenbart, sondern mein Vater im Himmel. [18] Ich aber sage dir: Du bist Petrus, und auf diesen Felsen werde ich meine Kirche bauen, und die Mächte der Un-terwelt werden sie nicht überwältigen. [19] Ich werde dir die Schlüssel des Himmelreichs geben; was du auf Erden bin-den wirst, das wird auch im Himmel gebunden sein, und was du auf Erden lösen wirst, das wird auch im Himmel gelöst sein. [20] Dann befahl er den Jüngern, niemand zu sagen, dass er der Messias sei.

Die Evangelien erzählen die Berufung des Petrus; verschie-dentlich wird er als „Der Erste" bezeichnet. Tatsächlich war er aber nicht der erstberufene Jünger, sondern der Erstzeuge der Auferstehung. Er formuliert das Messias-Bekenntnis (Mt 16,18). Er antwortet in der Brotrede stellvertretend für die Jünger (Joh 6,68). Er spricht für die anderen Jünger auf dem Verklärungsberg (Mk 9,5). Er stellt die Frage nach dem

Lohn, der denen zuteil wird, die Jesus nachgefolgt sind (Mk 10,28). Zufolge der Apostelgeschichte erscheint er als Führer der Gemeinde in Jerusalem, an Pfingsten hält er die entscheidende Verkündigungsrede. Er ist der erste, der im römischen Hauptmann Cornelius Heiden in die Kirche aufnimmt, er ist einer der wichtigen Männer beim „Apostelkonzil" (Apg 15,6–29). An ihn hat sich Paulus gewandt, um eine Bestätigung für seine Lehre zu finden (Gal 1,18). Eine besondere Bedeutung erlangt er im Zusammenhang mit Leiden, Tod, Auferstehung Jesu und der Geistsendung. Nach Pfingsten tritt er dann allerdings eher in den Hintergrund, Jakobus und vor allem Paulus scheinen nun eine zentrale Stellung in den ersten Gemeinden eingenommen zu haben.

Nach dem Zeugnis der Evangelien lautete sein ursprünglicher Name *Simon*. Jesus gab ihm den Namen *Kefas* und dieser wurde später ins Griechische übersetzt zu *Petros*, zu deutsch: Stein, Felsen. Dieser weder im Hebräischen noch im Griechischen geläufige Name hat das ursprüngliche *Simon* vollkommen verdrängt. Schon Paulus scheint den Namen *Simon* nicht mehr gekannt zu haben, *Petrus* war bereits zum Eigennamen geworden. Dabei ist insbesondere die Übersetzung auffällig, Eigennamen werden in aller Regel nicht übersetzt. Offensichtlich hat die frühe Kirche diesem Namen eine besondere Bedeutung zuerkannt. Dabei wurde Simon-Petrus nicht wegen seines Charakters so bezeichnet, er war keineswegs felsenfest und unerschütterlich in seinem Glauben und in seiner Treue. Er wird in den Evangelien keineswegs zum Idealbild hochstilisiert, seine Fehler werden ausführlich dargestellt. Offensichtlich liegt der Grund für diese Namensgebung in der Aufgabe, die er in der Zwölfer-Gruppe und dem Apostelkollegium eingenommen hat.

Die wichtigsten petrinischen Texte sind das Wort vom Bauen der Kirche, verbunden mit dem von den Schlüsseln des Himmelreiches und dem vom Binden und Lösen (Mt 16,13–19), das Wort von Petrus dem Hirten (Joh 21,15–19) und dem Auftrag, die Brüder zu stärken (Lk 22,31ff). Es ist heute auch in der ökumenischen Diskussion kaum noch umstritten, dass Petrus innerhalb des Zwölfer-Kollegiums und der Jüngerschar eine hervorgehobene Stellung eingenommen hat. Die Frage spitzt sich heute darauf zu, ob diese Aufgabe des Petrus eine Nachfolge kennt, also ein Petrusamt impliziert, oder ob sie auf seine Person begrenzt bleibt. Theologen, die in dieser Stelle keinen Hinweis auf einen Primat des Papstes sehen, argumentieren in der Regel so, dass Petrus, sein Glaube, sein Bekenntnis zum Grundstein für die Kirche werden. Ein Grundstein aber wird nur einmal gelegt. Er ist ein für allemal gegeben und kennt gerade darum keine „Nachfolge". Demgegenüber wird von Exegeten, die in Mt 16,18 nach katholischer Tradition eine Begründung des päpstlichen Primats sehen, argumentiert, dass es sich hier um eine Dauerfunktion handelt, die nicht auf die Person des Petrus beschränkt bleiben kann. Petrus als Person ist zeitlich begrenzt, er kann nicht Grundstein für Kirche durch die Geschichte hindurch sein. Gerade aus der Tatsache, dass diese Stelle des Matthäus-Evangeliums erst verhältnismäßig spät entstanden ist, wie die Exegeten sagen wohl zu einer Zeit, als Petrus als Person nicht mehr am Leben war, macht deutlich, dass hier eine Dauerfunktion angesprochen ist, die nur durch ein Amt gewährleistet werden kann. So verstanden, geht es dann im Felsenwort nicht primär um eine Auszeichnung der Person des Petrus, sondern um eine Aufgabe, die in der Kirche dauernde und bleibende Bedeutung hat. Und eine solche kann nur durch ein Amt gewährleistet werden. Damit sind natürlich noch nicht der Primat und die Unfehlbarkeit des Papstes biblisch bewiesen, aber es ist die Tendenz hin auf ein bleibendes Petrusamt in der Kirche grundgelegt.

Wichtige Petrusaussagen im Neuen Testament

Paulusbriefe: Petrus ist	1. Zeuge der Auferstehung (1 Kor 15,5). 2. Quelle der Überlieferung (Gal 2,2). 3. Eine der führenden Persönlichkeiten in Jerusalem (Gal 1,18.) 4. Träger des Apostoldienstes an den Beschnittenen (Gal 2,8). 5. Wankelmütig in der Frage des Gesetzes (Gal 2,11).
Markus-Evangelium: Petrus	1. Wird zusammen mit Andreas als erster Jünger berufen (1,17f). 2. Wird als erster unter den Zwölf genannt und erhält den Beinamen Petrus (3,14–16). 3. Jesus heilt seine Schwiegermutter in Kafarnaum (1,29–31). 4. Bekennt in Caesarea Philippi: „Du bist der Messias" (8,27–29). 5. Gelobt beim Abendmahl, Jesus nicht zu verleugnen (14,29). 6. Verleugnet Jesus im Hof des Hohenpriesters (14,66–72). 7. Bildet mit Johannes und Jakobus den engeren Jüngerkreis (5,37; 9,2–13; 14,32–42). 8. Erscheint als Sprecher der Jünger (10,28–30; 11,12–14,21). 9. Frauen erhalten nach Auferstehung Jesu die Anweisung: „Sagt seinen Jüngern und dem Petrus" (16,7).
Matthäus: Übernimmt weithin Mk Zusätzlich	1. Petrus wird als „der erste" bezeichnet („protos") (10,2). 2. Geht über das Wasser, versinkt und wird durch Jesus gerettet (14,28–31). 3. Erscheint als Fels, auf den die Kirche gebaut ist. Bei Fragen der Kirche greift Petrus ein (16,16ff). 4. Erscheint als der Typos des Jüngers. 5. Schwäche und Zurückweisung durch Jesus werden nicht beschönigt.
Lukas: Übernimmt weithin Mk Zusätzlich	1. Petrus wird berufen durch wunderbaren Fischfang (5,1–11). 2. Jesus betet für ihn, dass sein Glaube nicht wanke (22,31f).

	3. Ihm erscheint der Auferstandene (24,34). Dies ist als Überleitung zu Apg: Petrus ist Garant der Kontinuität. 4. Versagen bei der Passion Jesu wird geglättet.
Apostel-geschichte	1. Petrus wird als erster der Elf genannt (1,13). 2. Ist Wortführer bei Wahl des Matthias (1,15). 3. Tritt auf als Prediger (2,14–36; 3,12–26; 4,8–12; 5,29–39; 10,34–43). 4. Erscheint als Wundertäter; darin ist er Jesus ähnlich (3,1–10; 5,1–11.15; 9,32–35.36–42). 5. Er erfährt wunderbare göttliche Fürsorge (12,6–11). 6. Er hat wichtige Rolle in der Aufnahme von Heiden in die Kirche (10,1–11; 18,47f). 7. Bedeutsame Stellung beim „Apostelkonzil" in Jerusalem (Apg 15).
Johannes-Evangelium	1. Simon bekommt den Namen Kephas (1,40–42). 2. Bekennt Jesus als den Heiligen Gottes (6,67–69). 3. Jesus wäscht ihm die Füße (13,6–11). 4. Vorhersage der Verleugnung (13,36–38). 5. Bei der Gefangennahme Jesu schlägt er dem Diener das Ohr ab (18,10f). 6. Er verleugnet Jesus dreimal (18,17–27). Im Nachtragskapitel 21: 7. Erscheinung Jesu und wunderbarer Fischfang (21,1–14). 8. Erhält Auftrag, Schafe Jesu zu weiden (21,15–17). 9. Jesus spricht vom Schicksal des Petrus (21,18f). 10. Petrus steht in Konkurrenz zum „Lieblingsjünger" (13,23–26; 18,15f; 20,2–10; 21,20–22).
Petrinische Briefe	1. Petrus als Traditionsträger. 2. Petrus als Mit-Ältester (1 Petr 5,1). 3. Petrus als Hirte (1 Petr 5,2–4). 4. Petrus als Zeuge der Leiden Christi (martys) (1 Petr 5,1).

Auffallend ist bei allen Petrus-Aussagen des Neuen Testaments eine geradezu abgründige Spannung: Neben den Worten der Seligpreisung und der Verheißung stehen immer fundamentaler Tadel und Verurteilung. Bei Matthäus folgt auf das Wort vom Bauen der Kirche unmittelbar die erschreckende Aussage: „Weg mit dir, Satan, du bist mir ein *skandalon*. Du willst mich zu Fall bringen; denn du hast nicht das im Sinn, was Gott will, sondern was die Menschen wollen" (Mt 16,23). Bei Lukas folgt auf den Auftrag, die Brüder zu stärken, das erschreckende „Ehe heute der Hahn kräht, wirst du dreimal leugnen, mich zu kennen" (Lk 22,34). Und die Beauftragung in Joh 23, dem Nachtragskapitel des Johannes-Evangeliums, weist durch die dreimalige Fragestellung auf die dreimalige Verleugnung zurück. Petrus ist Grundstein, Fundament, Halt für die Schwestern und Brüder und gleichzeitig ist er *skandalon*. Er ist Felsen und Stolperstein zugleich. Wo Vollmacht übertragen wird, steht auch die entschiedenste Warnung vor Missbrauch. Dieses Paradox gilt es auszuhalten, bei Petrus, aber auch bei dessen Nachfolgern und bei allen, die Verantwortung in der Kirche tragen. Die äußersten Spannungen liegen hier in geradezu unheimlicher Weise ineinander.

Deutlich ist in diesen petrinischen Aussagen, dass die Botschaft Jesu eine Sozialstruktur intendierte und dass Petrus einen Dienst für die Jünger, für die Zwölf, für die Apostel wahrzunehmen hat. Diese Funktion kommt zum Tragen in der Zeit, wo Jesus nicht mehr in historische Existenz in der Mitte seiner Jünger gegenwärtig ist. Fundament der Kirche und ihrer Botschaft ist Jesus selbst, Petrus soll ihn nicht ersetzen oder gar verdrängen, sondern das gegenwärtig halten, was Jesus gebracht hat. In der Vertretung des Auferstandenen nimmt er die Funktion eines Fundaments ein. Kirche gründet auf dem Glauben, den der als Bild des Glaubenden und als Sprecher derer, die „von Anfang an bei Jesus waren", zum Ausdruck bringt und weiterhin verkündet.

Abendmahl und Kirche sind unlöslich miteinander verbunden. Es gibt gute Gründe dafür, die Geburtsstunde der Kirche im Abendmahl anzusiedeln. Im Auftrag „Tut dies zu meinem Gedächtnis" wird die Kontinuität der gottesdienstlichen Gemeinde mit dem Werk Jesu, insbesondere mit seinem Leiden und seiner Auferstehung deutlich.

Dabei müssen wir uns davor hüten, das letzte Abendmahl für sich allein zu sehen und zu interpretieren. Mahl feiern ist ein Urphänomen menschlichen Verhaltens, grundlegende Äußerung gemeinschaftlichen Lebens. Das Mahl ist Ausdruck von Lebensgemeinschaft, Mittel Gemeinschaft zu stiften, zu erhalten, sie gegebenenfalls wiederherzustellen. Es geht bei der Mahlfeier nicht allein um Sättigung, sondern um Kommunikation, um Gemeinschaft. Darüber hinaus zeigt die Religionsgeschichte, dass Mahlfeiern verbreitet kultische Bedeutung haben. Mahl ist in vielen Religionen Zeichen der Gemeinschaft der Menschen, nicht nur untereinander sondern auch mit der Gottheit. Im Zeichen des Mahles will Gott mit dem Menschen und der Mensch mit Gott in Beziehung treten. Der Mensch kommt mit seinen Gaben, die ihn zu Gott in Beziehung setzen sollen. So sind Mahl und Opfer häufig miteinander verbunden. Es werden Tiere, Gaben des Feldes geopfert; die Kraft der Gaben soll durch den Verzehr kultisch auf den Menschen übergehen. Mahlfeier hat also über einen allgemein anthropologischen Bezug hinaus eine religiöse und darin gemeinschaftsbildende Funktion.

Das Neue Testament berichtet über Jesu Mahlfeiern mit Zöllnern und Sündern. Die Gemeinschaft, die er mit den Ausgestoßenen pflegte, ist keineswegs etwas Beiläufiges und Zufälliges, sondern sie ist für das Verhalten Jesu grundlegend und bestimmend. Damit hat Jesus die übliche Praxis umgestoßen, dass Nicht-Juden und Samariter wegen der Nichteinhaltung des Gesetzes und öffentliche Sünder wegen mangelnder Reputation nicht am jüdischen Mahl teilnehmen dürften. Durch die Mahlgemeinschaft mit Zöllnern und Sündern bringt Jesus die Universalität seiner Botschaft und seiner Einladung zum Ausdruck. Alle werden in die Gemeinschaft berufen, die er im Mahl bezeichnet.

Diese Mahlgemeinschaften finden ihren Höhepunkt im Abschiedsmahl Jesu. Jesus stiftet das Mahl als Zeichen eines Neuen Bundes, der durch seinen Tod bereitet und in dem das Volk Gottes konstituiert wird. Wie der Alte Bund Volk Gottes bedeutete, so wird jetzt im Neuen Bund das Volk begründet. Abendmahl als Bundesschluss versammelt die Glaubenden als liturgische Gemeinde und als das Volk. Kirche entstand im Abendmahlsaal. Die Zeit der Kirche ist die Zeit des Herrenmahls. Dieses wird gefeiert, bis der Herr wiederkommt. Kirche und Herrenmahl sind untrennbar miteinander verbunden, eines kann ohne das andere nicht sein. Die feiernde Gemeinde versteht sich als das im Neuen Bund gestiftete Volk Gottes, ja als Leib Christi, der in ihrer Mitte gegenwärtig ist und sie zu seinem Volk macht. Die Verbindung mit Jesus und die Gemeinschaft untereinander bedingen sich gegenseitig, die *memoria*, die Erinnerung konstituiert die Feiernden als Kirche. Die Treue zum Auftrag des Herrn schließt dabei jede Spaltung in der Feier des Herrenmahles aus. Eine solche würde die Feier selbst tangieren und sie unglaubwürdig machen. Spaltung und Lieblosigkeit führen zum unwürdigen Empfang des Herrenmahls.

So ist es durchaus nicht abwegig, wenn heute die Feier des Herrenmahls abkürzend als „In die Kirche gehen" bezeichnet wird. Im Herrenmahl ereignet sich Kirche in hervorragender Weise, Kirche gründet vornehmlich in der Eucharistie. Es war eine wichtige Erkenntnis des Zweiten Vatikanischen Konzils, dass es im Rückgriff auf altkirchliche Konzeptionen eine eucharistische Ekklesiologie vorgetragen hat, die eine primär institutionell ausgerichtete Ekklesiologie ablöste. Kirche *wird* in der Feier der Sakramente, besonders des Herrenmahls. Es kann nicht genügen, allein auf institutionelle und rechtliche Absicherungen zu vertrauen.

Die Kirche des Christus

Die Auferweckung Jesu als Anfang der Kirche

Alle diese Aspekte von Kirchengründung, die hier aufgeführt sind, würden für sich alleine das Urteil nicht rechtfertigen, dass Jesus die Kirche gegründet hat, dass sie sich zu Recht auf ihn und seine Stiftung beruft. Doch die biblischen Texte sind geschrieben im Lichte des Auferstehungsglaubens, sie entstanden aus der Ostererfahrung heraus. Weil Jesus auferstanden ist, darum haben die genannten Ereignisse in seinem Leben Kirchen stiftende Kraft erlangt. Dies gilt in mehrfacher Hinsicht.

Zunächst ist festzuhalten, dass in der Auferweckung Jesu Gott das Wirken seines Sohnes und sein Wort bestätigt. Es wird deutlich: Gott hat sich in Jesus endgültig offenbart. Seine Botschaft, seine Taten sind von Gott angenommen. Was sich vom irdischen Jesus hinsichtlich der Kirche sagen lässt, wird gleichsam vom Vater ratifiziert. Die Sache Jesu geht weiter, es wird Kirche als die Weiterführung seines Werkes. Aber nicht nur die Sache Jesu geht weiter, sondern er selbst „geht weiter". Durch die Auferstehung wird der verkündigende Jesus zum verkündigten Christus. Er, der die Botschaft vom Reich Gottes vortrug, der zur Umkehr und Nachfolge aufgerufen hatte, wird nun selbst zum Inhalt des Glaubens und der Verkündigung. Die Reich-Gottes-Botschaft erhält das Antlitz Jesu und seinen Namen. Das ist kein Bruch mit dem historischen Jesus, es ist vielmehr die Vollendung dessen, was in seiner Botschaft schon angelegt war. Bereits der historische Jesus forderte den Glauben nicht nur an den himmlischen Vater, sondern auch an seine Person. Jetzt wird offenkundig, dass in ihm das Reich Gottes selbst gegenwärtig und angebrochen ist. Er ist der Messias; die an ihn Glaubenden sind damit das messianische Volk.

Dies lässt sich auch historisch belegen. Nach dem Aufweis der Evangelien haben sich die Jünger nach dem Tod Jesu zerstreut. Sie waren verzweifelt, denn, so ihr Eindruck, ihre Hoffnung hatte getrogen. Sie hatten Jesus vertraut, und dieser war schmählich umgebracht worden. Sie hatten offensichtlich auf das falsche Pferd gesetzt, es war nichts mehr, was sie weiterhin hätte zusammenhalten können. Dazu kam die Furcht, dass sie das Schicksal ihres Meisters würden teilen müssen. Alles das hat sie veranlasst, sich von Jerusalem wegzubegeben. Die Furcht führte in die Vereinzelung.

Mit den Erscheinungen des Auferstandenen und in ihrem Glauben, dass er lebt, werden sie wieder versammelt. Die Geschichte von Emmaus ist dafür das deutlichste Zeichen. Die Jünger gehen auseinander. Im Brechen des Brotes erkennen sie ihn als den Lebendigen und Auferstandenen. Daraufhin kehren sie zurück, versammeln sich mit denen, die die gleichen Erfahrungen gemacht haben wie sie und werden zu Verkündern des Auferstandenen. „Noch in derselben Stunde brachen sie auf und kehrten nach Jerusalem zurück und sie fanden die Elf und die anderen Jünger versammelt" (Lk 24,33). Auferstehung sammelt die Glaubenden.

In der Gemeinschaft derer, die an Jesus und an seine Botschaft glauben, erweist sich das Amt der Apostel als die zentrale Aufgabe. Apostel sind Zeugen des historischen Jesus, seiner Worte und Taten, vor allem aber Zeugen seiner Auferstehung. Sie werden von Jesus gerufen und gesandt und damit in seine Sendung mit einbezogen. Nun gilt: „Wie mich der Vater gesandt hat, so sende ich Euch" (Joh 20,21). Sie bekommen Anteil an der Sendung Jesu, sie gehören mit zur Botschaft, im Apostel wird der Auferstandene selbst repräsentiert. In den verschiedenen neutestamentlichen Traditionen verbinden sich Ostern und die Sendung der Apostel. Mit Ostern werden die Augenzeugen aus Beobachtern zu Boten und Verkündigern.

Im Zeugen wird dabei das Zeugnis konkret fassbar: Es gewinnt gleichsam personale Gestalt. Es geht in der Botschaft vom Auferstandenen nicht nur um ein Verhältnis zur Wahrheit, zu Sachen, sondern zu Personen. Offenbarung ist primär nicht eine Lehre, sie ist interpersonales Geschehen. Glaube ereignet sich zwischen Personen, er braucht interpersonale Strukturen. Glauben kann man nicht allein, *ein* Christ ist *kein* Christ. Und so wird die Botschaft verkündet von Mund zu Mund, von Ohr zu Ohr, von Herz zu Herz, zunächst wird sie nicht aufgeschrieben. Das Christentum ist im eigentlichen Sinn nicht eine Buchreligion, so als könnte man sich in das berühmte stille Kämmerlein zurückziehen und für sich allein den rechten Text lesen. Glaube ist eine Relation zum Zeugen, nicht zu Wahrheiten. Er geschieht interpersonal, gemeinschaftlich. So ist es zu erklären, dass man zunächst in der Alten Kirche das Glaubensbekenntnis nicht aufgeschrieben hat, sondern es vor Zeugen und durch Zeugen vortrug.

Mit Ostern wird die Botschaft, die Jesus dem Volk Israel gebracht hatte, universal. Nun gilt der Aussendungsbefehl: „Geht zu allen Völkern, und macht alle Menschen zu meinen Jüngern" (Mt 28,19). Damit wird die Botschaft entgrenzt, sie wird eine Botschaft für die ganze Welt und sie schickt sich an, weltweit zu werden. Die Gemeinschaft, die sich bildet, besteht aus Juden und Heiden. Es war ein schmerzlicher Prozess, der durchgemacht werden musste, bis sie die Beschränkung auf Israel und sein Gesetz überwunden hatte. Aber es liegt in der Zielrichtung von Ostern, dass nicht mehr eine bestimmte Menschengruppe und eine Religion angesprochen sein konnte. Was sich an Ostern ereignet hat, ist an einem Punkt die Vorwegnahme der Erfüllung des Ganzen, des Eschaton, dessen, was die Menschheit als Ganze als ihr Geschick und ihre Zukunft glaubt. Was in Jesus geschehen ist, gilt allen Menschen. Darum muss nun die Begrenzung auf Israel überwunden werden, denn in der Auferstehung ist die Menschheit als Ganze in allen ihren

Gliedern angesprochen. Die Botschaft muss weltweit verkündet werden. Davon berichtet die Apostelgeschichte. Dieses Hinausgehen in alle Welt ist ihr Thema.

Mit Ostern finden wir in der Gemeinschaft der Glaubenden zwei Bundeszeichen: Das Herrenmahl, in dem das Gedächtnis weiterlebt, und die Taufe. Sie ist das Bundeszeichen, durch das die Eingliederung in das Gottesvolk erfolgt. Dies ist schon für die früheste Gemeinde belegt. Zur Folge der Apostelgeschichte fragen die Menschen Petrus: „Was sollen wir tun?" Und dieser antwortet: „Kehret um und jeder von euch lasse sich auf den Namen Jesu Christi taufen zur Vergebung seiner Sünden" (Apg 2,38). Man wird in die Gemeinde aufgenommen durch Umkehr, Glaube und Taufe. Im Wort des Auferstandenen von der Taufe ist das Volk neu konstituiert; Taufe ist Bundeszeichen, Zeichen des Eintritts in den Neuen Bund. Die Taufe verbindet die Glieder der Gemeinde untereinander, macht sie zu einer Gemeinschaft.

Die Kirche als Geschöpf des Geistes

Ebenso wie die Erfahrung der Auferstehung Jesu bildet auch die Geistsendung den Rahmen, innerhalb dessen die Evangelien und die neutestamentlichen Briefe erst entstehen konnten. Dies wird besonders deutlich im Doppelwerk des Lukas, der das Evangelium durch die Apostelgeschichte weiterführt. Diese hat ein großes Thema: In der Kraft des Geistes bleibt das Werk Jesu in der sich konstituierenden Kirche gegenwärtig. In immer neuen Geistsendungen entstehen überall in der bekannten Welt Gemeinden von Glaubenden und Getauften, die sich zu Jesus bekennen und deren Zeugnis Frucht bringt in neuen Gemeinden. Was hier geschieht, ist nicht Menschenwerk, so die Aussage der Apostelgeschichte, sondern Frucht des Wirkens des Heiligen Geistes, in dem Christus selbst in seinen Jüngern gegenwärtig bleibt und die er zu seinen Zeugen beruft. Die

Gestalt, in der dieses Zeugnis wirkt, ist sehr unterschiedlich. Gemeinsam aber verkünden alle in ihren Gemeinden die Botschaft vom auferstandenen Herrn, in dem uns das Heil zugesagt ist. Die Zeugen wirken dabei die gleichen Zeichen; sie sagen die Worte, die Jesus selbst gewirkt und gesprochen hatte. In den Zeugen wird der Bezeugte selbst gegenwärtig, er bleibt in seiner Gemeinde anwesend. Mit Pfingsten wird die Gemeinde derer, die sich zu Christus bekennen, historisch greifbar. Insofern hat man traditionellerweise formuliert, dass Pfingsten die Geburtsstunde der Kirche ist.

So finden sich in der Theologiegeschichte immer wieder Ansätze, die Kirche primär als Werk des Geistes verstehen, der sich in vielfältiger Weise in konkreten Gemeinden verleiblicht und Gestalt gewinnt. Dieser Gedanke prägt die ostkirchliche Ekklesiologie. Im Westen taucht er vor allem in Reformbewegungen auf, die sich auf den Geist berufen und das prophetische Element neben, manchmal auch gegen das amtlich-institutionelle Element in der Kirche stellen. Denn neben die Konkretisierung des Geistes im Amt tritt hier die Konkretisierung in den vielfältigen und nicht verwaltbaren Charismen, den besonderen Geistesgaben.

Derartige Geist-Ekklesiologien haben die institutionelle Kirche immer wieder herausgefordert und sie kritisch hinterfragt. Am deutlichsten wurde das wohl in den mittelalterlichen Armutsbewegungen, wo man ein Leben in der Nachfolge der Apostel und in Übereinstimmung mit dem Leben der Apostel als Zeichen für den Geistbesitz und damit für die Apostolizität der Kirche erachtete. Radikale Strömungen innerhalb der Armutsbewegungen waren überzeugt, dass nur jene, die leben wie die Apostel, d. h. die arm sind, echte Nachfolger der Apostel seien, nicht dagegen jene, die bloß in apostolischer Amtsnachfolge stehen oder die Botschaft der Apostel ungebrochen weitergeben. Dies implizierte eine massive Kritik an der bestehenden Kirche, an ihren Ämtern, insbesondere am Papst und an den Bischöfen.

Allgemein lässt sich feststellen, dass die Berufung auf den

Geist, der nach biblischem Zeugnis „weht, wo er will" (Joh 3,8), sich gegen echte oder vermeintliche institutionelle und rechtliche Verhärtungen richtet. Hier wird eine Autorität begründet, die nicht vom Amt kommt oder durch die Tradition vermittelt und bestätigt ist. Die Berufung auf den Geist betont die Bedeutung des Charismatikers, des Nicht-Verrechenbaren, Nicht-Verfügbaren, einer Wirklichkeit, die spontan aufbricht und amtlich-institutionelle Vermittlung relativiert. Sie tendiert auf freie Gemeinden, die sich als kritisches Korrektiv gegenüber einer verfassten oder gar verhärteten Institution erwiesen. Träger des Geistes sind demnach die Propheten, vielleicht auch unbequeme Kritiker, die durch ihr Leben und ihr Wirken dafür sorgen, dass Neues wird. Sie dienen der Kirche und ihrer Auferbauung, selbst wenn sie nicht selten aus der Kirche als Institution hinausgedrängt oder von ihr gemaßregelt werden. Kirche ist notwendigerweise eine spannungsvolle Realität, Charisma und Amt lassen sich nicht wechselseitig aufeinander rück-führen.

Entscheidendes Kriterium für die „Unterscheidung der Geister", also die Überprüfung, ob sich der Geist Gottes oder ein fremder Geist, vielleicht ein Ungeist meldet, ist nach der Aussage des Neuen Testaments die Auferbauung der Gemeinde, der Kirche. Der Geist führt die Charismen zur Gemeinschaft, ordnet sie und verleiht die Gnade, dass sie gerade in ihrer Vielfalt zu einer Einheit zusammenwachsen, sich gegenseitig befruchten und damit der Gestaltung und der Erbauung der Kirche dienen. Wenn sie sich isolieren wollten, allein eine individuelle Erhebung anstreben, dominieren und nicht der Freiheit der Kinder Gottes verpflichtet sind, erweisen sie sich als fremde Geister. Denn der Heilige Geist gestaltet Kirche zur Gemeinschaft, in der viele sehr unterschiedliche Charismen nebeneinander bestehen, ihr Recht haben und zum einen Leib Christi auferbaut werden.

Ekklesiologische Ansätze in neutestament- lichen Schriften

Die synoptischen Evangelien

Die synoptischen Evangelien berichten von einer Zeit, bevor manifeste Kirche in ihren Strukturen existierte. Darum ist diese auch noch nicht ihr direktes Thema. Andererseits sind sie gerade in der Situation geschrieben, in der Kirche entstand und die Gemeinden ihre früheste Gestalt annahmen. Sie stellen die jeweils entstehenden Gemeinden in das Licht des historischen Jesus. Die Aussagen, die sie über Kirche machen, sind indirekt. Doch sie geben sehr wohl zu erkennen, wie die Gemeinde sich darstellte und wie sie zufolge der Botschaft der Evangelien nach dem Willen Jesu sein soll.

(1) Im *Markus-Evangelium* erscheint Kirche vor allem als die Gemeinschaft derer, die Jesus nachfolgen, als die Gemeinschaft der Jünger. In ihnen ist grundgelegt, an ihnen wird sichtbar, was Kirche ist. Der Jünger und die Jüngergemeinschaft zeigen, wie das Markus-Evangelium die sich konstituierende Kirche sieht. Von diesen Jüngern wird berichtet, dass sie Jesus nachfolgen. Sie wenden sich fragend an ihn, sie erhalten besondere Belehrungen und Aufklärungen, sie machen gelegentlich Fortschritte im Glauben. Vor allem aber werden sie als jene geschildert, die die Botschaft Jesu, seine Person und seinen Weg nur schwer begreifen, die unverständig und verstockt sein können, die vor dem Kreuz zurückschrecken, in der Passion versagen. Sie haben es notwendig, immer wieder in die Nachfolge Jesu eingewiesen zu werden. Aber nach allem Versagen in der Passion werden sie zum Schluss in Gnaden neu aufgenommen. Ihre Gemeinschaft mit Jesus ist nicht ihr Werk und ihr Entschluss, sondern Geschenk Christi. Diese Zeichnung der Jünger verfolgt den Zweck, dem Leser dieses Evangeliums gleichsam einen

Spiegel in die Hand zu geben. An den Jüngern soll er sich selbst erkennen, in ihrem Versagen sein Versagen, in ihren Möglichkeiten seine Möglichkeiten sehen. Was zu Lebzeiten Jesu die Jünger waren, ist im Markus-Evangelium die Kirche, die nun anfanghaft Gestalt gewinnt und sich an der Jüngerschaft orientieren und aufrichten soll.

Im Markus-Evangelium spielen Amtsstrukturen eine noch sehr untergeordnete Rolle. Vor allem gibt es die Institution der Zwölf. An ihnen orientiert sich das, was später zum Amt in der Kirche werden sollte. Die Zwölf werden ausgesandt; sie haben immer dort eine wichtige Funktion, wo im Leben Jesu Bedeutsames geschieht. Ihre Aufgabe ist umschrieben als „Mit Jesus sein" (3,14). Von daher bekommen sie die Vollmacht, Gleiches zu tun, was auch Jesus tut: Zu verkünden, die Umkehr zu predigen, Dämonen auszutreiben, Kranke zu heilen (6,7–13). Damit geht durch sie das Werk Jesu weiter. Die Zwölf gewährleisten die Kontinuität zwischen dem historischen Jesus und der Kirche, sie sind Garanten der Treue der Überlieferung, sie setzen sein Werk und seine Botschaft fort. Von den Zwölf führt in der Folgezeit der Weg hinein in die junge Kirche und ihre Strukturen und Dienstämter.

(2) Das *Matthäus-Evangelium* lässt eine Gemeinde erkennen, in der die Hinwendung zu den Völkern bereits vollzogen und die Ablösung von Israel erfolgt ist. Man hatte sich intensiv um Israel bemüht, und nun werden dem Judentum schwere Vorwürfe gemacht. Die Funktion, Volk Gottes zu sein, scheint auf die Kirche als Volk Gottes aus den Völkern übergegangen. „Das Reich Gottes wird Euch weggenommen und einem Volk gegeben werden, das die erwarteten Früchte bringt" (21,43). Der Epochenwechsel hat stattgefunden. Die grundlegende Aussage über die Kirche im Matthäus-Evangelium ist, wahres Israel zu sein, und verschiedentlich gehen die Aussagen bis zur Behauptung, dass Israel nicht mehr Volk Gottes ist, dass seine Berufung vertan

und damit hinfällig wurde. Aber auch das nun neu struktu-
rierte Volk ist zutiefst gefährdet. Die Gemeinden haben das
Böse in ihren eigenen Reihen erfahren; immer wieder taucht
der Gedanke auf, dass neben dem Weizen auch das Unkraut
wächst, dass zum Hochzeitsmahl „Böse und Gute" zusammenkommen (22,10).

Die innere Struktur der Gemeinde ist bestimmt durch die
Geschwisterlichkeit aller. Durch den gemeinsamen Vater
sind alle Schwestern und Brüder und sollen als solche leben.
„Der größte von euch soll euer Diener sein. Denn wer sich
selbst erhöht, wird erniedrigt werden, und wer sich selbst
erniedrigt, wird erhöht werden" (23,11f). Offensichtlich gibt
es bereits anfanghaft Ämter, diese werden nicht abgelehnt,
aber Matthäus hat eine deutlich antihierarchische Spitze.
Überordnung und Unterordnung, Herrschaftsstrukturen
werden von ihm prinzipiell in Frage gestellt. Immer wieder
lautet die Mahnung: „Bei euch soll es nicht so sein". Die
Ordnung in der Gemeinde soll anderen Gesetzen folgen,
als sie sonst in der Welt gelten. Kirche ist verstanden als
Kontrastgemeinde zur Gestalt der Gesellschaft. „Ihr sollt
euch nicht Rabbi nennen lassen – denn nur einer ist euer
Meister, ihr alle aber seid Brüder" (23,8).

Im Matthäus-Evangelium begegnen, wie erwähnt, die einzigen Stellen, wo der Begriff *ekklesia*, Kirche, im Munde
Jesu erscheint. Von besonderer Bedeutung ist dabei die
Petrus-Verheißung Mt 16,18. Offensichtlich, so ist zu
schließen, hat der Petrusdienst in dieser Gemeinde bereits
eine Rolle gespielt. Aber auch er ist umfangen von der
Mahnung zur allgemeinen Brüderlichkeit. Aufgabe des Fel-
senmannes und Schlüsselträgers kann es nur sein, ebenso
wie die anderen Jünger an das Gebot Jesu zur Demut zu
erinnern.

Als Ämter und Dienste erwähnt das Matthäus-Evangelium auch Propheten, Weise und Schriftgelehrte (23,34).
Die Weisen und Schriftgelehrten sind wohl Lehrer oder Katechisten, wie es sie auch schon in der jüdischen Gemeinde

gab. Die Propheten sind wahrscheinlich Wanderprediger. Ihnen gegenüber wird eine gewisse Reserviertheit spürbar.

(3) *Lukas* versteht Kirche in ihrem geschichtlichen Zusammenhang mit Israel. Israel wird von Lukas wesentlich positiver beschrieben als im Matthäus-Evangelium. Das Gottesvolk aus den Heiden geht aus dem Volk der Juden hervor, löst es aber nicht ab. Und noch vom Kreuz herab spricht der lukanische Jesus gegenüber den Juden das Wort der Versöhnung: „Vater vergib ihnen, denn sie wissen nicht, was sie tun" (23,34).

Kirche tritt bei Lukas deutlicher in den Blick als bei den anderen Synoptikern, sofern das Evangelium durch die Apostelgeschichte fortgeführt wird, die auf das wunderbare Entstehen der Gemeinden reflektiert. Die Kirche konstituiert sich in Jerusalem. Die Predigt der christlichen Missionare wendet sich immer zuerst an die Juden, dann erst an die Heiden. Dabei haben die Apostel eine besondere Bedeutung. Die Zwölf, die bei Lukas mit den Aposteln identisch sind, waren die ganze Zeit dabei, „als der Herr Jesus bei uns ein- und ausging, angefangen von der Taufe des Johannes" (Apg 1,21f). Paulus wird folglich nicht als Apostel bezeichnet. Lukas schreibt in der Einleitung zu seinem Evangelium, er halte sich „an die Überlieferung derer, die von Anfang an Augenzeugen und Diener des Wortes waren" (Lk 1,2). Sein Werk ist also als apostolisch qualifiziert. Die Apostel sind die Brücke der Kontinuität, Prinzip der Tradition und Bürgen für die rechte Lehre.

Deutlicher als bei den anderen Synoptikern werden bei Lukas Amtsstrukturen greifbar. Inmitten der vielfältigen Geistbegabungen, die auf diese oder jene Weise allen zukommen, gibt es bestimmte Aufgaben und Funktionen. Allen voran haben die „Zwölf Apostel" Autorität. Neben ihnen stehen Älteste (*Presbyteroi*), die aus der jüdischen Synagogenordnung übernommen sind, und *Episkopoi*, eine Amtsbezeichnung, die aus der profanen Verwaltung stammt und herkömmlicherweise keine religiöse Prägung hat. Beide Ämter sind noch nicht voneinander unterschieden. Die mit diesen Aufgaben Betrauten werden durch Handauflegung, Gebet und Fasten dem Herrn empfohlen. Das Sieben-Männer-Gremium, von dem Apg 6,1–7 berichtet und dessen Mitglieder in der späteren Tradition als Diakone bezeichnet werden, dient zunächst der Versorgung der Bedürftigen. Sie sind aber darüber hinaus als Evangelisten (Apg 21,8) und als Amtsträger für die Hellenisten, d. h. die griechisch sprechenden Gemeindeglieder zu verstehen. Besondere Bedeutung nehmen in der Gemeinde des Lukas die Armen, Entrechteten, Verachteten, insbesondere auch die Frauen ein. Den christlichen Gemeinden ist die bleibende Aufgabe übertragen, für soziale Gerechtigkeit einzustehen und Not und Unterdrückung zu überwinden (Apg 4,32–35). Die Glaubwürdigkeit des Evangeliums hängt nicht zuletzt an der sozialen Praxis im Geiste Jesu.

Apg 2,42–47: Das Leben in der jungen Gemeinde

[42] Sie hielten an der Lehre der Apostel fest und an der Gemeinschaft, am Brechen des Brotes und an den Gebeten. [43] Alle wurden von Furcht ergriffen; denn durch die Apostel geschahen viele Wunder und Zeichen. [44] Und alle, die gläubig geworden waren, bildeten eine Gemeinschaft und hatten alles gemeinsam. [45] Sie verkauften Hab und Gut und gaben davon allen, jedem so viel, wie er nötig hatte. [46] Tag für Tag verharrten sie einmütig im Tempel, brachen in ihren Häusern das Brot und hielten miteinander Mahl in Freude und Einfalt des Herzens. [47] Sie lobten Gott und waren beim ganzen Volk beliebt. Und der Herr fügte täglich ihrer Gemeinschaft die hinzu, die gerettet werden sollten.

Im Johannes-Evangelium fehlt der Begriff *ekklesia*; Kirche erscheint unter dem Bild der Gemeinschaft mit Jesus. Sie ist die Schar der Glaubenden, derer, die sich im Glauben Jesus angeschlossen haben. Kirche ist Jüngerschaft, und Jesus wirkt nie ohne seine Jünger, die er selbst berufen hat. An der Jüngerschaft mit dem irdischen Jesus kann abgelesen werden, was Kirche nach Jesu Tod und der Geistsendung zu wirken hat. Jüngerschaft und Kirche gehen ineinander über. Die Jünger kommen in die Gemeinschaft mit Jesus nicht durch eigenen Entschluss, sondern weil sie von Jesus gerufen sind, weil der Vater sie ihm gegeben hat. Damit sind sie seine Freunde, nicht mehr Knechte. Sie stehen in engster Verbindung mit ihm, so wie die Reben zum Weinstock, die Herde zum Hirten. Sie sind in ihrer Existenz von ihm abhängig, und damit auch untereinander verbunden. Diese Jüngerschaft ist zufolge der johanneischen Texte universal, der Erhöhte wird „alle an sich ziehen" (12,32). Zeichen für die Gemeinschaft mit ihm ist die Einheit untereinander. Universale Einheit ist das Kennzeichen der Jüngerschaft, Trennungen innerhalb der Jünger würden die Botschaft unglaubwürdig machen und Kirche in ihrer Existenz in Frage stellen. Das Grundprinzip, aus dem Kirche lebt, ist die Liebe. Darum sind alle Spaltungen, mit denen sich das Evangelium bereits auseinandersetzen muss, so verhängnisvoll. Sie treffen Kirche in ihrem Wesensgrund, gefährden sie in ihrem Sein und machen ihre Verkündigung unglaubwürdig.

Neben dieser umfassenden Liebe spielen Strukturen und Ämter bei Johannes eine sehr untergeordnete Rolle. Amtsstrukturen sind angedeutet in der Gestalt des Petrus. Er steht in Spannung zu dem Jünger, „den Jesus liebte". Dieser ist der Inbegriff des Jüngers, während Petrus anfanghaft zum Repräsentanten eines Amtes wird. Die johanneische Gemeinde ist spirituell und charismatisch. Amtsstrukturen treten dagegen deutlich in den Hintergrund.

Bei Paulus ist die christliche Kirche und ihre rechte Ordnung ein stets gegenwärtiges Thema. So spielen die paulinischen Briefe für die neutestamentliche Ekklesiologie eine
entscheidende Rolle.

(1) Kirche als Gemeinschaft

Kirche ist bei Paulus Gemeinschaft, griechisch *koinonia*.
Dieser Begriff besagt zunächst die Gemeinschaft in Gott
und mit Gott und mit Christus. Gott selbst ist Gemeinschaft
und Reichtum des Lebens. Er ruft Menschen in Gemeinschaft mit sich und stiftet damit *Koinonia*. Kirche wird bei
Paulus von dieser Grundlegung in Gott her in den Blick
genommen. Wenn die Kirche als Gemeinschaft verstanden
wird, gründet das nicht primär im menschlichen Bedürfnis
nach Geborgenheit. Die Kirche als Gemeinschaft hat ihren
Ursprung vielmehr in Gott, der den Menschen in Wort und
Sakrament entgegenkommt. Aus der Gemeinschaft mit Gott
und der *Koinonia* im Herrenmahl wird Kirche als Gemeinschaft: Gemeinschaft von Ortsgemeinden, Gemeinschaft
innerhalb der Gemeinden und Gemeinschaft zwischen dem
Apostel und seiner Gemeinde. Kirche als Koinonia konkretisiert sich in der Einheit der Kirche, in der ihre Gemeinschaft mit Gott sichtbar und erfahrbar wird. Diese
Grundaussage hat bei Paulus mehrere Einzelaspekte.

(2) Kirche als Volk Gottes

Kirche ist Volk Gottes. Als solche steht sie bei Paulus in
Kontinuität mit dem Volk Gottes, das Israel ist. Sie beginnt
bereits dort, wo das alttestamentliche Volk seinen Anfang
hat. Dabei ist für Paulus Volk nie einfachhin gleich Israel,
sondern immer nur der heilige Rest der Auserwählten und
Getreuen, der nun seine Fortsetzung hat in der Kirche aus
Juden und Heiden. *Volk* umfasst alle, die zu Christus gehören.

Kirche ist Volk Gottes der Endzeit. Schon im Alten Bund ist angekündigt, dass Gott einen Neuen Bund schließen wird. Dieser ist nun in der *ekklesia* verwirklicht. Dabei kann es das eschatologische Volk Gottes nur einmal geben. *Ekklesia* ist bei Paulus zunächst die Einzelgemeinde, die Hausgemeinde, in diesem Sinn kann er von Kirchen im Plural reden. Aber auch die Gesamtkirche ist *ekklesia*. So richten sich die Korintherbriefe an „die Kirche Gottes, die in Korinth ist" (1 Kor 1,2; 2 Kor 1,1). Kirche tritt in der jeweiligen Ortskirche oder Hausgemeinde in Erscheinung, das Volk Gottes ist jeweils am Ort präsent, aber es ist immer das eine und selbe Volk, denn es gibt eben nicht mehrere Völker Gottes. Die Einzelgemeinde ist jeweils Repräsentantin des Volkes Gottes in der Welt. Sie kann nur dann glaubwürdig sein, wenn sie selbst die Einheit wahrt. Dieses Volk konstituiert sich im Gottesdienst. Kirche ist heilig, weil sie als gottesdienstliche Versammlung zusammengerufen ist und weil ihre Glieder getauft sind. Im Gottesdienst versammeln sich die Gläubigen als die von Gott Gerechtfertigten und damit als die Heiligen und werden gleichsam zu einer „Kolonie von Himmelsbürgern". Kirche ist ein bereits jetzt bestehender Brückenkopf für das kommende Reich.

(3) Kirche als Leib Christi
Dieses Volk Gottes ist Christus zu Eigen. Dafür hat Paulus den Begriff „Leib Christi" geprägt. Er ist die wichtigste paulinische Kirchenaussage. Die Vorstellung von einer Gemeinschaft als Leib, als Organismus, lässt sich bis in die altägyptische Märchenwelt zurückverfolgen. Am bekanntesten ist die Darstellung des römischen Historikers Livius, der erzählt, wie ein Konflikt zwischen dem einfachen Volk in Rom und dem Patriziat beigelegt wurde. Am Bild vom Magen, der, wenn er bestreikt wird, den ganzen Körper schädigt, wird illustriert, dass auch für die ärmeren Volksschichten die Oberschicht unentbehrlich ist. Paulus greift auf die Popularphilosophie zurück, wenn er Kirche als Leib

versteht. Doch bei ihm geht dies über einen Vergleich und über den Aufruf zu Einigkeit und Frieden hinaus. So wie eines Menschen Leib der Mensch in seinem Leib ist, der Leib also den Menschen ausmacht und nicht nur einen bestimmten Teil von ihm, so ist es auch bei Christus. In seinem Leib, in der Kirche, ist und bleibt er selbst in dieser Welt und ihrer Geschichte gegenwärtig. Der Leibgedanke begegnet bei Paulus vor allem im sakramentalen Zusammenhang auf. Die Kirche ist Leib Christi, weil sie das Herrenmahl feiert: „Ein Brot ist es. Darum sind wir viele ein Leib; denn wir alle haben Teil an dem einen Brot" (1 Kor 10,17). Der Begriff „Leib Christi" ist dabei jeweils auf die Ortsgemeinde bezogen, denn nur sie versammelt sich in der Feier des Herrenmahls und wird darin konkret. Die Weiterführung, dass auch die universale Kirche als Leib Christi erscheint, begegnet erst im nachpaulinischen Schrifttum.

Die Glaubenden bauen den Leib der Kirche auf, gleichzeitig ist die Kirche aber auch immer schon „vor" ihren Gliedern. Leib und Glieder stehen in einem gegenseitigen Bedingungsverhältnis. Die Glaubenden in diesem Leib leben miteinander und füreinander. Sie erfüllen ihr Gliedsein im Leib Christi dadurch, dass sie einander lieben. Der Leib ist aber auch vor den Einzelnen und macht diese zu Gliedern. Insofern ist er mehr als die Summe der Glieder, selbst wenn er gleichzeitig auch durch die Glieder aufgebaut wird.

1 Kor 12,12–31a: Die Kirche als Leib Christi
[12] Denn wie der Leib eine Einheit ist, doch viele Glieder hat, alle Glieder des Leibes aber, obgleich es viele sind, einen einzigen Leib bilden: So ist es auch mit Christus. [13] Durch den einen Geist wurden wir in der Taufe alle in einen einzigen Leib aufgenommen, Juden und Griechen, Sklaven und Freie; und alle wurden wir mit dem einen Geist getränkt. [14] Auch der Leib besteht nicht nur aus *einem* Glied, sondern aus vielen Gliedern. [15] Wenn der

Fuß sagt: Ich bin keine Hand, ich gehöre nicht zum Leib!, so gehört er doch zum Leib. ¹⁶ Und wenn das Ohr sagt: Ich bin kein Auge, ich gehöre nicht zum Leib!, so gehört es doch zum Leib. ¹⁷ Wenn der ganze Leib nur Auge wäre, wo bliebe dann das Gehör? Wenn er nur Gehör wäre, wo bliebe dann der Geruchssinn? ¹⁸ Nun aber hat Gott jedes einzelne Glied so in den Leib eingefügt, wie es seiner Absicht entsprach. ¹⁹ Wären alle zusammen nur *ein* Glied, wo bliebe dann der Leib? ²⁰ So aber gibt es viele Glieder und doch nur *einen* Leib. ²¹ Das Auge kann nicht zur Hand sagen: Ich bin nicht auf dich angewiesen. Der Kopf kann nicht zu den Füßen sagen: Ich brauche euch nicht. ²² Im Gegenteil, gerade die schwächer scheinenden Glieder des Leibes sind unentbehrlich. ²³ Denen, die wir für weniger edel ansehen, erweisen wir umso mehr Ehre, und unseren weniger anständigen Gliedern begegnen wir mit mehr Anstand, ²⁴ während die anständigen das nicht nötig haben. Gott aber hat den Leib so zusammengefügt, dass er dem geringsten Glied mehr Ehre zukommen ließ, ²⁵ damit im Leib kein Zwiespalt entstehe, sondern alle Glieder einträchtig füreinander sorgen. ²⁶ Wenn darum *ein* Glied leidet, leiden alle Glieder mit; wenn ein Glied geehrt wird, freuen sich alle anderen mit ihm. ²⁷ Ihr aber seid der Leib Christi, und jeder Einzelne ist ein Glied an ihm. ²⁸ So hat Gott in der Kirche die einen als Apostel eingesetzt, die anderen als Propheten, die dritten als Lehrer; ferner verlieh er die Kraft, Wunder zu tun, sodann die Gaben, Krankheiten zu heilen, zu helfen, zu leiten, endlich die verschiedenen Arten von Zungenrede. ²⁹ Sind etwa alle Apostel, alle Propheten, alle Lehrer? Haben alle die Kraft, Wunder zu tun? ³⁰ Besitzen alle die Gabe, Krankheiten zu heilen? Reden alle in Zungen? Können alle solches Reden auslegen? ³¹ᵃ Strebt aber nach den höheren Gnadengaben!

(4) Kirche als Tempel des Heiligen Geistes

Das Bild von der Kirche als Tempel des Heiligen Geistes verwendet Paulus vor allem in den Korintherbriefen, die eine betont charismatische Kirchenstruktur bezeugen. Der alttestamentliche Tempel ist zerstört, nun erweist sich Kirche als Ort der Anwesenheit Gottes unter den Menschen. Die Glieder der Kirche haben Anteil am Geist und seinen Gaben, sie sind Charismatiker. Ihre Geistesgaben sollen für die Auferbauung der Gemeinde nutzbar werden. Als vom Geist gestiftet und von ihm erfülltes Anwesen Gottes ist die Kirche heilig. Bosheit und Unreinheit müssen ausgeschieden werden ebenso wie Götzenbilder. Als Glieder der Kirche werden die Gläubigen selbst „ein Tempel des heiligen Geistes, der in euch wohnt und den ihr von Gott habt" (1 Kor 6,19).

(5) Charisma und Amt

Insbesondere die Gemeinde in Korinth ist nach dem Zeugnis des Paulus durch die Charismatiker bestimmt. Kirche ist durchweht vom Geist, der seine Gnadengaben mitteilt, wie er will, und zwar allen Kirchengliedern. Sie ist Geistgeschöpf und wird durch die Charismen aufgebaut, die ihre Authentizität dadurch beweisen, dass sie der Erbauung der Gemeinde dienen. Feste Strukturen und Ordnungen scheint es in Korinth kaum gegeben zu haben. Die Briefe des Paulus stellen eine Gemeinde vor, die von frei wirkenden Geistesgaben geprägt und getragen ist. Allein der Geist, der unberechenbar weht, und die Geschwisterliebe ordnen das Zusammenleben und den Gottesdienst. Jeder spricht und handelt, wie es der Geist eingibt. Recht, Amt, Hierarchie scheinen dagegen ausgeschlossen. Im Brief an die Gemeinde in Thessalonich mahnt Paulus sogar, „den Geist nicht auszulöschen" (1 Thess 5,19). Das zeichnet ein Bild von Kirche, in dem Amt und Recht keine Rolle spielen, ja gegebenenfalls gar als Abfall vom Geiste Gottes verstanden werden. Kein Zufall, dass sich charismatisch-anarchische Gruppen und

Gemeinschaften, aber auch viele Sekten auf dieses Bild der Gemeinde von Korinth berufen und diesem Ideal nacheifern.

Paulus ist zweifellos ein Mann der ersten Stunde, in der der Aufbruch im Zentrum steht, nicht der Gedanke der Bewahrung und der Ordnung, der Strukturen. Dennoch ist, wie eine genauere Prüfung erweist, auch seine Gemeinde in Korinth keineswegs gänzlich ohne Amt und Autorität. Er selbst tritt seinen Gemeinden mit der uneingeschränkten Autorität des Apostels gegenüber. Paulus kennzeichnet sein Apostelamt als Dienst an der Versöhnung der Menschen mit Gott und der Menschen untereinander. Es war die unbefragte Autorität des Apostels selbst, die in Korinth ein weitgehend freies Spiel der Charismen möglich gemacht hat. Dass Paulus verhältnismäßig lange Zeit in Korinth weilte, war Voraussetzung und Grund dafür, dass im Ersten Korintherbrief neben dem Apostel kaum weitere Ämter sichtbar werden. Dennoch nennt er unter den Charismen auch die *kybernesis*, die Steuermannskunst, die wohl der Organisation und dem Zusammenspiel der Charismen diente. In der Schlussermahnung des Korintherbriefes liest man von Angehörigen des Stephanas, die sich in den Dienst des Heiligen gestellt haben. „Ordnet euch ihnen unter, ebenso ihren Helfern und Mitarbeitern" (1 Kor 16,16). Paulus bescheinigt ihnen, dass sie das Werk des Herrn verrichten wie er selbst. Auch wenn die Paulusbriefe in der Ausgestaltung dieser „Ämter" bei ersten Ansätzen bleiben und die Gemeinde in Korinth zweifellos vor allem charismatisch bestimmt war und weithin anarchisch erschien, völlig ohne Amt und Autorität war sie dennoch nicht.

Dies gilt noch mehr von Gemeinden, in denen Paulus nur kurze Zeit weilte, und die durch von ihm beauftragte oder auf anderem Weg als dazu befähigt erwiesene Gemeindeleiter geordnet wurden. Schon im Ersten Thessalonicherbrief, dem ältesten Text des Neuen Testamentes, schreibt Paulus von denen, „die sich solche Mühe geben, euch im

Namen des Herrn zu leiten und zum Rechten anzuhalten" (1 Thess 5,12f). In der Grußformel des Philipperbriefes heißt es: „Paulus und Timotheus, Knechte Christi Jesu, an alle Heiligen in Christus Jesus, die in Philippi sind, mit ihren *episcopoi* und *diakonoi*" (Phil 1,1). An erster Stelle steht die Gemeinde, der Brief ist an sie als Ganze geschrieben. Innerhalb dieser Gemeinde gibt es nun aber bestimmte Verantwortliche, die eigens genannt werden. Sie werden als *episcopoi* und *diakonoi* bezeichnet; beide Begriffe erscheinen im Plural. Offensichtlich gab es ein Gremium von Männern, die für die Gemeinde Verantwortung trugen. In der Ausgestaltung dieser „Ämter" bleibt Paulus bei ersten Ansätzen. Auch die Frage, wie jemand in ein solches Amt kommt, durch Beauftragung durch einen Amtsträger, Einsetzung durch die Gemeinde, ob er sich einfachhin zu Leitung und Verkündigung fähig erwiesen hat und dadurch bestätigt war, ob das Amt in Vollmacht übertragen wurde oder charismatisch aufbrach, hat ihn offensichtlich noch nicht beschäftigt. Das Problem der späteren „Ordination" war noch nicht sein Thema.

Kirche in den paulinischen Pseudepigraphen

Die erste Generation der jungen Gemeinde mit den Aposteln als den Erstzeugen verschwand bald. Damit stellte sich die Frage, wie es nun in den Gemeinden weitergehen sollte, wie auf der Basis dessen, was die Gründer der Gemeinden gepflanzt hatten, weiterhin gebaut werden konnte. Die nun Verantwortlichen haben ihre Autorität dadurch legitimiert, dass sie mit Nachdruck versicherten, nichts anderes zu tun, als das Werk der Gründer fortzusetzen. So schrieben sie ihrerseits nun Briefe an ihre Gemeinden und fertigten diese auf den Namen des Apostels aus, der der große Traditionsträger der jeweiligen Gemeinde war. Der Epheserbrief, die Pastoralbriefe an Titus und Timotheus, sind so geschrieben, als stammten sie von Paulus persönlich. Ihre Theologie zeigt, dass sie eine nachpaulinische Besinnung darauf waren, was Paulus in einer veränderten Situation der Gemeinde zu sagen gehabt hätte. Es wird die Person des Paulus in seiner Autorität festgehalten und das über seinen Tod hinaus. Es wird gleichsam ein Amt des Paulus installiert, das seine Person überdauert. Denn Amt ist unabhängig von Person. Pseudepigraphie, wie solche Personenangabe genannt wird, ist also nicht als Betrug zu verstehen, sondern als der Versuch der Verfasser, gleichsam in die Person des Paulus hineinzuschlüpfen, als Individuen hinter diesem völlig zurückzutreten. Darin steckt im Grunde eine ganze Theologie des Amtes. Die späteren Generationen der Gemeindeleiter wollten nichts anderes, als auf dem Grund weiterbauen, den die großen Traditionsträger der ersten Generation gelegt hatten. Wir kennen nicht einmal ihre Namen.

In diesen Briefen, die sich auf die Autorität des Paulus berufen, nimmt Kirche eine neue Gestalt an. Im Zentrum steht nicht mehr so sehr der Aufbruch der ersten Generation, sondern die Frage nach der Bewahrung des Überkommenen, die Treue zum Ursprung in einer weitergehenden Geschichte. Die eschatologische Spannung tritt zurück, die Mühen des Alltags werden nun zum Thema.

Im Epheserbrief erscheint die Kirche auf Dauer angelegt, weil sie ihren Ursprung im göttlichen Heilsplan hat. Schon die Schöpfung ist verborgen auf Kirche ausgerichtet. Kirche ist hier universale Wirklichkeit, Weltkirche. Ihr Geheimnis ist der ewige Heilswille Gottes. Nun bekommt die Leib-Christi-Vorstellung des Paulus eine neue Ausrichtung. Während im Römerbrief und im Ersten Korintherbrief die Kirche als Leib erscheint, in dem die Gläubigen die Glieder sind, hebt der Epheserbrief darauf ab, dass Christus das Haupt ist. Kirche wird damit gleichsam zu einer kosmischen Wirklichkeit, die dem Menschen entzogen ist, die letztlich unabhängig ist von menschlicher Schwäche und Sünde. Sie gründet nicht in dem, was die Menschen tun, sondern im

Heilsplan Gottes, deshalb ist sie „Mysterium", Geheimnis. Ihr Geheimnischarakter bedeutet nicht Unerkennbarkeit, sondern Getragensein vom göttlichen Heilsratschluss. Nicht menschliche Entscheidung und Tun baut Kirche auf, sondern göttlicher Wille.

Die Pastoralbriefe an Titus und Timotheus sind aus der Situation der zweiten oder dritten Generation geschrieben. Entgegen den Erwartungen des Anfangs dauert die Geschichte an, das Reich Gottes in Fülle und Macht lässt auf sich warten. Die Christenheit muss sich in der Geschichte einrichten und dabei ihrem Ursprung treu bleiben. Nun steht im Zentrum nicht mehr der große Aufbruch, die Herausforderung der Bergpredigt, sondern die Frage, wie in den Alltäglichkeiten des Lebens christliche Existenz gestaltet werden kann. Das ethische Ideal der Verkündigung Jesu spiegelt sich nur noch sehr gebrochen wider. Kirche erscheint als gesicherte, bestehende, vorgegebene Größe. Sie wird vor allem dargestellt unter dem Bild des „Hauses". Der Einzelne kann hineingehen, ohne dass der Bau als solcher dadurch tangiert würde. Kirche muss sich gegen aufkommende Irrlehren schützen, sie muss die Lehre weitergeben und in Treue überliefern, was sie selbst empfangen hat. Das apostolische Zeugnis ist Fundament der Wahrheit, es wird zu einem anvertrauten Gut, zu einer verbindlichen Lehre.

Auf dieser Stufe der Entwicklung wird das Amt in der jungen Kirche immer bedeutsamer. Nachdem die eschatologische Spannung zurückgetreten ist und die Gemeinde sich einrichtet, auf längere Zeit in der Geschichte zu existieren, sollen Strukturen und Ämter die Treue zum Ursprung gewährleisten und ihn vor Irrlehren schützen. Amtsträger sollen den Glauben hüten, schützen, bewahren. Ihre Aufgabe besteht darin, nicht Neues zu erfinden, sondern das weiterzugeben, was sie selbst empfangen haben. Der Gemeindeleiter wird eingesetzt durch Handauflegung des Apostels und des Presbyteriums, er ist damit zurückverwiesen auf den

Apostel und sein Amt. Die Lehre, die er vorträgt, ist nicht seine eigene, sondern die ihm übergebene. Sie soll er bewahren und achten.

Die Pastoralbriefe sind nicht mehr an die Gemeinde als Ganze geschrieben, sondern an deren Leiter ausgefertigt. Die Gemeinde tritt in den Hintergrund. Von ihr erfahren wir nur, dass sie hört (1 Tim 4,16), dass sie betet (1 Tim 2,1–55), da ihre Glieder getauft sind (Tit 3,5), dass sie Liebestätigkeit ausübt (1 Tim 5,10–6,17f). Die Charismen, die bei Paulus so im Zentrum gestanden waren, tauchen hier nicht mehr auf. Titus und Timotheus sind Vorsteher einer Gruppe von Gemeinden, sie üben wohl eine überregionale Funktion aus. Neben ihnen stehen *presbyteroi* und *diakonoi*; beide Begriffe erscheinen im Plural, während der *episcopos* nun im Singular genannt wird. Es ist wohl zu schließen, dass nun unter einem *episcopos* mehrere *presbyteroi* und *diakonoi* wirken. Die Einsetzung in das Amt geschieht durch Handauflegung und Gebet.

Auf dieser Stufe der Entwicklung, wohl gegen Ende des 1. Jahrhunderts, wird das *Amt* in der Kirche bedeutsam. Es hat insbesondere der Identität der Lehre zu dienen. Der Amtsträger wird durch Handauflegung berufen und beauftragt, die rechte Lehre weiterzugeben. Die konkrete Form, wie diese Amtsübertragung erfolgt, insbesondere die Kette apostolischer Beauftragungen, die Sukzessionsreihe, die später so wichtig werden sollte, ist hier noch nicht im Blick. Auch über die konkreten Aufgabenstellungen der einzelnen Ämter ist wenig auszumachen. Ihr Verhältnis scheint noch weithin offen zu sein. Jedenfalls gelten für den *episcopos*, die *presbyteroi* und *diakonoi* hinsichtlich ihrer Lebensführung die gleichen Anforderungen. Außerordentliche Begabungen werden nicht vorausgesetzt. Es sind eher Minimalforderungen, die Personen ausschließen sollen, die nur das Besondere und Extraordinäre anstreben.

Zusammenfassend lässt sich sagen, dass im Neuen Testament sehr unterschiedliche Modelle und Gestalten von Kirche begegnen, die offensichtlich nebeneinander Platz hatten und als legitim anerkannt werden konnten. Die Urgemeinde in Jerusalem, die sich vor allem aus den synoptischen Evangelien und der Apostelgeschichte erschließen lässt, führte zunächst die Ordnung der jüdischen Synagoge weiter. Sie war ganz anders strukturiert als die johanneische Gemeinde in ihrem Rekurs auf die Liebe und die paulinischen Gemeinden in ihrem Vertrauen auf das freie Wirken des Geistes, das nicht verrechnet und verordnet werden kann. Daneben stehen, vor allem in späterer Entwicklungsstufe, Gemeinden, in denen Amtsstrukturen eine gewichtige Rolle spielen und die Treue zum Ursprung in einer vielleicht lange andauernden Geschichte gewährleisten sollen. Derartige Strukturen haben sich im Neuen Testament von einem wenig differenzierten Anfang auf deutlicher umrissene Ämter hin entwickeln. Auch zur Zeit der Pastoralbriefe ist die Ämterstruktur noch nicht abgeschlossen. Über die inhaltliche Umschreibung der Ämter lässt sich noch wenig sagen. Aber es gibt im Neuen Testament eine Entwicklung, ein Gefälle hin auf Amt. Allerdings ist das nicht die einzige Entwicklungslinie: Das Johannes-Evangelium, das zweifellos auch zu den späteren Schriften des Neuen Testaments gehört, kennt diese Entwicklung hin auf Amtlichkeit nicht, hier sind vorgegebene Strukturen geradezu peinlich vermieden. Es ist also nicht richtig zu sagen, dass in der Heiligen Schrift *insgesamt* eine Tendenz auf amtliche Strukturen hin festzustellen ist. Diese gibt es, aber sie ist nur *eine* Entwicklungslinie unter mehreren. Dass sie sich in der weiteren Entwicklung durchsetzt, beweist die Fähigkeit der Kirche, in der fortlaufenden Geschichte Kontinuität und Treue zum Ursprung zu bewahren.

Dominierende Kirchenbilder im Neuen Testament

Synoptische Evangelien	Kirche ist sichtbar in der universalen Jüngerschaft.
Markus	Kirche ist vorbedeutet in der Nachfolge Jesu.
Matthäus	Kirche ist als Erbe Israels das wahre Volk Gottes.
Lukas	Kirche ist das auf der Basis der zwölf Apostel gesammelte Israel.
Johannes	Kirche sind die in der Liebe zu Jesus geeinten Jünger.
Paulus	Kirche ist Koinonia als – Volk Gottes – Leib Christi – Tempel des Heiligen Geistes.
Pastoralbriefe	Die Kirche bleibt als Haus Gottes in der Treue zur Lehre der Apostel.

3. Die Alte Kirche der ungetrennten Christenheit

Hellenisierung und Inkulturation

Mit dem Abschluss des Neuen Testaments kurz nach der Jahrhundertwende waren die Kirche und ihre Gestalt noch nicht zu ihrer abschließenden Entwicklung gekommen. Es waren mehrere Herausforderungen von innen und von außen, die in den ersten christlichen Jahrhunderten zu einer weiteren Ausgestaltung der Kirche führten und Anlass wurden zu einer Fortentwicklung und Ausdifferenzierung ihrer Strukturen und Ämter. Hier sind zu nennen die Gnosis und die verschiedensten Irrlehren, die sich in dieser Zeit breit machten, vor allem aber die Notwendigkeit für die Kirche, in einer fortwährenden Geschichte heimisch zu werden und den Ursprung durch die Zeit hindurch zu bewahren. Diese Herausforderungen ließen besonders das kirchliche Amt erstarken und die christliche Botschaft zu einer fest umrissenen und dogmatisch formulierten Lehre werden.

Dieser Weg der frühen Kirche zu einer festen Ämterstruktur, zu den Glaubensbekenntnissen und den Konzilien der ersten Jahrhunderte wurde verschiedentlich kritisch betrachtet, so als sei hier die Begeisterung des Ursprungs preisgegeben, Freiheit und Gleichheit in der Begabung mit dem Geist durch eine Ämterhierarchie verdrängt und insgesamt, als habe das römische Recht über den Geist des Evangeliums gesiegt. Verschiedentlich wurde dieser Prozess als Hellenisierung des Christentums bezeichnet und darin der Sündenfall der frühen Kirche gesehen. Diese Kritik wird heute in aller Regel in solcher Schärfe nicht mehr formuliert. Vielmehr ist festzuhalten, dass die Entwicklung hin zu den frühchristlichen Konzilien, die bereits eine gefestigte Ämterstruktur voraussetzten, gleichsam ein Inkulturationsprozess war, in dem die biblische Botschaft in einer völlig veränderten Zeit und Welt neu buchstabiert wurde und zu Wort kam. Zweifellos hatte dieser Übersetzungsprozess seinen Preis. Die Form, wie Kirche in den frühen Konzilien gelebt wird und in den Glaubensbekenntnissen umschrieben ist, unterscheidet sich erheblich von dem, was wir im Neuen Testament über die Jüngerschaft Jesu und über das Wirken der Charismen in den Gemeinden des Paulus lesen. Bei allen Differenzen ist aber auch festzustellen, dass sich die frühe Kirche sehr wohl mühte, Strukturen zu entwerfen, die die Treue zum Ursprung und die Identität mit dem Anfang gewährleisten sollten.

Bilder der Kirche

Dies wird heute zumeist von allen christlichen Kirchen so gesehen. Die Kirche der Apostel und der Märtyrer, der Kirchenväter und Bekenner, der ersten Konzilien und der ökumenischen Glaubensbekenntnisse gilt weithin als klassische Zeit der Kirche. In fast allen großen Reformbewegungen, die die verfasste Christenheit von den verschiedensten Verhärtungen und Verunstaltungen befreien und wieder die rechte, heilige, von Christus gewollte Kirche verwirklichen wollten, die Braut Christi ohne Runzeln und Makel, von der das Neue Testament spricht, hat man sich vornehmlich auf die Kirche der ersten Jahrhunderte zurückbesonnen und sie der jeweiligen Verfallsituation als Vorbild und als Gewissensspiegel gegenübergestellt.

In den ersten Jahrhunderten verstand sich die Kirche insbesondere als Mysterium, als Geheimnis des Glaubens. Dieser biblische Gedanke wurde von den Kirchenvätern aufgegriffen und weiterentwickelt. Kirche war gesehen als Gemeinschaft, die nicht durch eigenen Entschluss, etwa durch den Willen ihrer Mitglieder, entstanden ist und durch die Perfektion ihrer Ämter am Leben gehalten wird, sondern die in Gottes geheimnisvollem Ratschluss gründet, der in Jesus zu seiner Fülle kam und in der Kraft des Geistes in der Geschichte gegenwärtig bleibt. Der Geist Gottes führt sie durch alle Irrnisse und Wirrnisse der Zeit. Insofern hat Kirche ihr bleibendes Fundament in der Auferstehung Jesu und in der Sendung des Geistes, im Wort Gottes, in der Taufe und insbesondere in der Feier des Herrenmahls. Es waren weniger die äußeren Strukturen und rechtlichen Festlegungen, in denen die Kirchenväter die Treue zum Ursprung und die Lebendigkeit der Botschaft gewährleistet sahen, als vielmehr der Heilsratschluss Gottes, der die Kirche bleibend führt und der ihre als wunderbar empfundene Ausbreitung möglich gemacht hat. Kirche gewinnt ihr Sein in Wort und Sakrament. Äußere Strukturen haben allein den Zweck, dem göttlichen Heilsratschluss zu dienen, nicht aber Kirche zu bauen oder ihre Ursprungstreue zu garantieren.

Dieser Grundgedanke wird in zahlreichen Bildern und Vergleichen illustriert. Sie sind zunächst aus der biblischen Denkwelt übernommen. Nach wie vor erscheint Kirche als Volk Gottes, das von ihm von den Enden der Erde gesammelt und zu seinem Eigentum gemacht wurde. Als Volk Gottes gehören alle zur Kirche, die an Christus glauben, die getauft sind und den Heiligen Geist empfangen haben.

Kirche ist dabei in wunderbarer Weise größer als die kleine Herde, die sich jeweils zum Gottesdienst versammelt. Sie ist immer auch die unsichtbare Gemeinschaft derer, die zu allen Zeiten an Christus geglaubt haben. Zu ihr gehören sogar jene, die seit Anbeginn der Welt als Gerechte gelebt und unsichtbar oder verborgen Christus angehangen hatten. Wenn sie in der Erinnerung an die Heilstaten von Kreuz und Auferstehung das Herrenmahl feiert, verwirklicht sie sich als das Heiligtum, in dem die alttestamentlichen Opfer ihre Erfüllung finden. Darum ist sie Haus Gottes und sein Tempel. Sie ist Leib Christi, die Gläubigen sind ihr eingegliedert, und erst zusammen mit der Kirche ist der ganze Christus verwirklicht. Leib Christi bezeichnet bei den Kirchenvätern sowohl die universale Kirche als auch die Kirche am Ort. Weil jede Einzelgemeinde notwendigerweise auf alle anderen Gemeinden hingeordnet und für sie offen ist, mit ihnen in Gemeinschaft steht, darum ereignet sich in der Gemeinde jeweils die universale Kirche. Die den Gottesdienst feiernde Gemeinde verwirklicht das, was Kirche zur Kirche macht: Wort und Sakrament, Dienst an den Brüdern und Schwestern, rechtes Amt und die Einbindung in die Gemeinschaft der Ortsgemeinden. Darum ist die Ortsgemeinde Kirche, aber auch die universale Gemeinschaft aller Glaubenden ist Kirche, nicht nur ein Bund von Kirchen und Gemeinden.

Daneben erscheint die Kirche bei den Kirchenvätern in einer Reihe von Bildern, die biblische Motive frei aufgreifen und sie allegorisch auf das Volk Gottes übertragen, oder auch in Allegorien, die nicht biblischen Ursprungs sind. Zu großen Herausforderungen, die in diesen Bildern erklärt werden sollen, gehören das ungeahnte Wachstum der Kirche von der kleinen Gemeinde in Jerusalem zu einem Netz, das die damalige Welt umspannte, und das jeder menschlichen Wahrscheinlichkeit widersprach: die Erfahrung der Gewöhnung und Alltäglichkeit in der Existenz vieler Christen, vor allem als die Kirche zur Volkskirche wurde, und insbesondere das Geheimnis der Sünde, die schon von Anfang an die Gemeinden erschütterte und die angesichts deren göttlichen Ursprungs unerklärlich erschien. Eine weit verbreitete Vorstellung in der Vätertheologie ist das Bild von der Kirche als der *casta meretrix*, der keuschen Dirne, ein Paradox, das die Heiligkeit der aus Sündern bestehenden Kirche ausdrücken soll. Im Weg der *Rahab* im Alten Testament von der Dirne zur Bekehrten und zur Prophetin wird der Weg der Kirche von ihrer Herkunft aus Judentum und Heidentum zu ihrer Bestimmung im kommenden Reich Gottes vorgedeutet gesehen. Im Wort aus dem Hohenlied „Schwarz bin ich, aber schön" (Hld 1,5) erkennen die Väter seit *Origenes* die Spannung zwischen der heiligen Kirche und der großen Zahl ihrer Glieder, die diesem Ideal nicht gerecht zu werden vermögen und die in Zeiten der Verfolgung untreu geworden sind und vom Glauben abfielen.

Salvian von Marseille: Durch die Geburt vieler Kinder ist die Kirche schwach geworden
Verschwunden und längst vorbei ist ja jene herrliche, alles überragende, beseligende Kraft der Frühzeit deines Volkes, da alle, die sich zu Christus bekannten, den vergänglichen Besitz an irdischem Vermögen verwandelten in die ewigen Werte himmlischer Güter; sie beraubten sich der Nutznießung am Gegenwärtigen im herrlichen Ausblick auf das Zukünftige; sie erkauften unsterblichen Reichtum um einen Augenblick der Armut. Und jetzt? Jetzt ist auf all dies gefolgt Habsucht, Begehrlichkeit, Raubgier und – in enger Bundesgenossenschaft und beinahe leiblicher Schwesternschaft mit ihnen vereint – Neid und Haß und Grausamkeit, Verschwendung und Schamlosigkeit und Verworfenheit: jene ersteren streiten ja doch mit den Machtmitteln der letzteren! Und so hat vielleicht dein äußeres Glück gegen dich selbst gekämpft: je stärker sich deine Anhänger mehrten, desto mehr wuchsen auch die Laster; je mehr deine Macht zunahm, desto mehr nahm die Zucht ab, und deine wirtschaftliche Blüte kam in Begleitung innerer Verluste. Denn als sich die Masse der Gläubigen vervielfachte, ward der Glaube selbst verringert, und mit dem Wachstum ihrer Kinder wird die Mutter krank; und so bist du, o Kirche, durch deine gesteigerte Fruchtbarkeit schwächer geworden, bist durch die Mehrung zurückgesunken und hast an Kräften abgenommen. Gewiss: du hast über die ganze Welt hin die Glieder ausgesandt, die zwar dem Namen nach den Glauben haben, aber keine Glaubenskraft; und so begannst du reich zu werden an Scharen, arm am Glauben; und wurdest zwar der Menge nach bereichert, verarmtest aber an Frömmigkeit, wurdest weiter dem Leibe nach, aber ver-

kümmertest am Geist, bist, möchte ich sagen, zu gleicher Zeit in dir größer und in dir kleiner geworden – eine fast nie dagewesene, unerhörte Art von Fortschritt und Rückschritt in einem, indem du zugleich zunahmst und abnahmst. Denn wo ist jetzt deine ehemalige wundervolle Gestalt, die Schönheit deines ganzen Leibes? Wo gilt noch jenes Zeugnis der Heiligen Schrift, das da von deinen lebendigen Tugenden rühmt: „Die große Zahl der Gläubigen war *ein* Herz und *eine* Seele, und nicht einer nannte von dem, was er besaß, noch etwas sein"? Von diesem Zeugnis – Gott sei es laut geklagt! – besitzest du nur mehr die geschriebenen Worte, nicht mehr die innere Kraft; nur mehr durch dein Wissen stehst du ihm nahe, im Gewissen stehst du ihm fern. Sind doch heute deine Kinder zum größten Teil Händler mit todbringender Ware, irdischen – nein! – teuflischen Krämern und Schankwirten gleich, und schachern mit Dingen, die selbst zugrunde gehen und andere zugrunde richten.

(tzt D5 Nr. 65)

Unter den Symbolen und Allegorien, in denen Kirche in der Frühzeit dargestellt wird, ist besonders verbreitet die Vorstellung vom *mysterium lunae*, dem Geheimnis des Mondes. Wie der Mond strahlt die Kirche nicht aus eigenem Licht, sondern im Licht der Sonne, die Christus ist. All ihr Glanz ist nur von ihm, nicht aus ihr selbst. Wie der Mond in der Nacht, so leuchtet die Kirche mit dem von Christus empfangenen Licht in der Zeit der Finsternis, der Unwissenheit, der Schuld und der Verlorenheit. Aber während Christus als die Sonne immer gleich hell strahlt, ist die Kirche in wechselnden Phasen einem stetigen Auf und Ab unterworfen. Ihr Licht kann verdunkelt werden und auch fast völlig verlöschen. Aber gerade dann wird sie aus Christus wieder neue Kraft schöpfen und fruchtbar werden in allem Guten.

Die Kirche wird dargestellt unter dem Bild des Schiffes, das in vielfältigen Variationen begegnet: Es ist gezimmert aus dem Holz des Kreuzes, oder das Kreuz ist der Mastbaum, der dem Schiff Kraft gibt und es antreibt, oder Christus ist der Steuermann. Das Schiff gleitet dahin, es wird getrieben und erschüttert, oft droht es in den Stürmen der Zeit und durch innere Unzulänglichkeit zu kentern, und dennoch geht es nicht unter. Die Ausrüstung eines Schiffes und das gesamte Zubehör dienen dazu, die Ämter und Institutionen der Kirche zu beschreiben. Dieses Schiff wird weiterhin zur Arche Noah, die inmitten der Sintflut der Zeit und der Welt Rettung und Geborgenheit gewährt. In ihr ist Sicherheit, außerhalb ihrer Grenzen gibt es kein Heil, und wo Heil ist, dort verwirklicht sich Kirche. Wenn Cyprian von Karthago schreibt, „extra ecclesiam nulla salus" (außer der Kirche kein Heil), dann ist Kirche in diesem Zusammenhang Bild des himmlischen Jerusalem und deckt sich nicht einfachhin mit der sichtbaren Institution Kirche. Sie ist Wirklichkeit des Glaubens, nicht der gesellschaftlichen Umschreibung. Zufolge Augustin sind viele drinnen, die draußen scheinen, und viele draußen, die drinnen scheinen. Kirche ist hier nicht mit der sichtbaren Institution deckungsgleich. Vielmehr hat sie als Stiftung Jesu Christi und als Geschöpf des Heiligen Geistes allen Menschen das Heil zu verkünden und es anzubieten. Sie steht im Heilsplan Gottes und erfüllt eine stellvertretende Funktion. Das Heil, das sie zu verkünden hat, gilt allen Zeiten, Völkern und Kulturen. Sie ist aufgerufen, schon heute in ihrem Inneren das Heil sichtbar und erfahrbar zu machen, das nicht ihr allein gilt, sondern aller Welt zugesagt ist.

Diese und weitere Bilder sollen die irdische Kirche als Abbild ihres himmlischen Urbildes verstehen lassen. Die Strukturen und Ordnungen der Kirche, ihre Zeichen, Symbole und Sakramente, ihre Ämter und ihre Aufgaben werden von der ewigen Ordnung im Himmel her gedeutet. Ihre sichtbaren Strukturen erscheinen als Bild und als realsymbolische Vorwegverwirklichungen der unsichtbaren himmlischen Wirklichkeit, des Reiches Gottes, das ihr Ziel ist.

Kirche ist in der frühesten Zeit herausgefordert durch vielfältige Bedrängnisse. Zunächst ist zu denken an die Verfolgungen, das Martyrium, daneben an vielfältige religiöse Kulte, von denen insbesondere der Orient erfüllt war und die in Konkurrenz zur christlichen Botschaft traten, verschiedentlich auch versuchten, sich synkretistisch mit ihr zu verbinden. Auch im Inneren der Kirche gab es zahlreiche Probleme durch offene Bekenntnisfragen, durch Irrlehren, durch vielfältige politische Eingriffe und persönliche Kontroversen und Zwistigkeiten. Gerade in der Auseinandersetzung mit den Irrlehren hat die Entfaltung des kirchlichen Amtes entscheidende und bleibende Impulse empfangen.

Die Ausgestaltung des Bischofsamtes

Im Neuen Testament sehen wir das Bischofsamt, soweit von ihm gesprochen wird, fast immer kollegial verfasst, also von einer Mehrzahl von Personen verwaltet. Vielleicht mit Ausnahme der Pastoralbriefe waren es immer *Episkopoi*, also ein Gremium von Amtsträgern, die gemeinsam die Funktion der Gemeindeleitung wahrgenommen haben. Im Laufe des zweiten Jahrhunderts kommt es nun von Osten her zu einer Entwicklung, an dessen Ende der Bischof als *Monespiskopos*, als einzelner Bischof zusammen mit einer Gemeinschaft von Presbytern und Diakonen die Gemeinde leitet.

Ein entscheidender Schritt dahin sind die Briefe des Ignatius von Antiochien, die nach herkömmlicher Interpretation um das Jahr 110, nach neuerer Deutung eventuell auch erst um 150 geschrieben wurden. Bei Ignatius erscheint der monarchische Episkopat, also der Bischof in der Einzahl, bereits als eine selbstverständliche Einrichtung. Bei ihm wird das bischöfliche Amt geradezu mit hymnischen Worten umschrieben. Im Bischof wird nach Ignatius Christus selbst sichtbar und die Einheit der Gemeinde greifbar und anschaulich. Darum kann der Bischof immer nur *einer* sein. Nur als *einer* kann er die Einheit der Gemeinde repräsentieren. Er ist in seinem Amt nicht von der Gemeinde oder von einer Wahl abhängig, sondern von Christus selbst eingesetzt. Die Konzeption des Ignatius lässt sich in der Formulierung zusammenfassen: „Wo der Bischof ist, da ist auch die Kirche". Einheit der Kirche wird bei Ignatius als Einheit mit dem Bischof verstanden. Ignatius verwendet erstmals auch den Begriff von der „ecclesia catholica"[8]. Er versteht darunter die universale Kirche, die in vielen Kirchen existiert und an allen Orten jeweils als die eine und allgemeine Kirche erscheint. In der Kirche am Ort, die durch ihren Bischof repräsentiert wird, wird demnach die universale, katholische Kirche greifbar und sichtbar. Wenn sich die Gemeinde um ihren Bischof sammelt und mit ihm das Herrenmahl feiert, ist die katholische Kirche gegenwärtig und lebendig. Man kann in dieser Sicht geradezu definieren: Kirche ist ein im Bischof geeintes Volk.

Daraus lässt sich, und diese Konsequenz wurde nicht selten gezogen, eine geradezu unbegrenzte Autorität des Bischofs ableiten. Bei Ignatius ist das noch nicht der Fall. Er hat seine Briefe auf dem Weg zum Martyrium geschrieben, wo Autorität und Macht von vornherein höchst relativiert waren. In der Auseinandersetzung mit der *Gnosis*, die die christliche Botschaft zu einer überzeitlichen, geistigen Lehre zu machen drohte, betonte Ignatius Konkretheit, historische Verwirklichung und Anschaubarkeit der christlichen Botschaft. Diese sah er im Bischof geradezu verleiblicht. Nicht ein höheres geistiges Prinzip gilt es anzustreben, sondern in einer ganz konkreten Gemeinschaft zu leben, die in der Person des Bischofs versammelt und anschaulich wird. Die Verleiblichung geschieht im Bischof, dessen Amt für die frühen Kirchen damit zentrale Bedeutung erlangt.

Bedeutsam sind die Briefe des Ignatius auch in der Diskussion um den päpstlichen Primat. Ignatius spricht der

Gemeinde von Rom einen gewissen Vorrang zu, der sich im Einzelnen schwer deuten lässt. Eigenartigerweise wird im Brief des Ignatius an die Gemeinde in Rom kein individueller, monarchisch regierender Bischof in der Grußformel angesprochen oder sonst erwähnt. Angesichts der Tatsache, dass das bischöfliche Amt für Ignatius so überragende Bedeutung hat, lässt sich dies kaum als Zufall oder als bloße Auslassung verstehen. Man wird es so interpretieren müssen, dass zur Zeit, als dieser Brief entstand, also wohl um 150, in Rom der Übergang vom kollegialen zum monarchischen Episkopat noch nicht stattgefunden hatte. Alle Gemeinden in Kleinasien, die Ignatius anschrieb, kennen einen einzelnen Bischof, und Ignatius wendet sich jeweils an ihn. Die Kirche Roms kennt zu diesem Zeitpunkt den Einzelbischof noch nicht.

Ein entscheidender Schritt in der Ausgestaltung des kirchlichen Amtes verbindet sich mit den Namen Irenäus von Lyon und Tertullian, die jeweils in der Auseinandersetzung mit Irrlehren stehen und das bischöfliche Amt als Gewähr für die rechte Lehre hervorheben. In der frühesten Zeit wurde die christliche Botschaft nicht aufgeschrieben, sondern verkündigt. Sie wurde gepredigt und so von Mund zu Mund und Herz zu Herz weitergegeben. Es war ein lebendiger Strom der Tradition, in dem die Botschaft Jesu lebendig blieb und neue Dimensionen annahm. Dies wurde zum Problem, als Gnostiker sich auf angebliche, von den Aposteln überkommene Traditionen beriefen, die sich nicht kontrollieren ließen. Sie wähnten sich in einer höheren Form christlicher Erkenntnis. Der Gnostiker, so die Vorstellung, ist in ein höheres Wissen eingeführt, er lebt aus geheimen Überlieferungen, die der Großkirche nicht zugänglich sind. Er ist nicht mehr auf Glauben angewiesen, denn ihm ist eine höhere Form der Erkenntnis zuteil geworden, die ihn über die Schar der gewöhnlichen Kirchenchristen hinausführt.

Mit dieser Berufung auf Geheimtraditionen hat sich vor allem Irenäus in seinem Werk gegen die Häretiker auseinandergesetzt. Er betont, dass die rechte Tradition überall dort zu finden ist, wo eine Sukzession im bischöflichen Amt nachgewiesen werden kann, die auf eine apostolische Gründung zurückreicht. Sein Argument lautet: Die Apostel haben Schüler eingesetzt, deren Aufgabe es war, die rechte Lehre weiterzugeben. So jedenfalls die Darstellung in den Pastoralbriefen. Diese Apostelschüler haben wiederum Nachfolger bestimmt, deren Aufgabe ebenfalls darin bestand, den Glauben zu bewahren und so fort. Es war immer ein Amtsträger, der die rechte Lehre bewahrt und weitergegeben hat. Und nun folgert Irenäus: Wo eine ununterbrochene Kette von Amtsnachfolgen besteht, die bis zu einer Gründung durch einen Apostel zurückreicht, dort ist alle Gewähr für die rechte apostolische Tradition gegeben. Die Amtsnachfolge ist demzufolge eine kontrollierbare Gestalt der Tradition, sie gewährleistet Apostolizität, und das im Gegensatz zu nicht kontrollierbaren Geheimlehren der Irrlehrer. Die Amtssukzession gilt für Irenäus als Aufweis dafür, dass eine Kirche den rechten apostolischen Glauben erhalten hat. Im Zentrum der Amtsnachfolge steht also die apostolische Botschaft und Tradition. Die Sukzession im bischöflichen Amt ist kein Selbstzweck, sie hat die Aufgabe, die Tradition zu bewahren und sie weiterzugeben. Überlieferung hat eine personale Zuspitzung; sie benötigt Menschen, die sie vollziehen.

Das bischöfliche Amt ist in dieser Sicht, wie sie sich in den ersten Jahrhunderten herausgebildet hat, das Amt in der Kirche schlechthin. Zwar können die Apostel als Augen- und Ohrenzeugen keine Nachfolger haben, doch ihr Zeugnis wird durch die Nachfolge im apostolischen Amt weiter vermittelt und bleibt in der Kirche lebendig. Die Kirche als Ganze steht in der Nachfolge der Apostel, weil sie die Lehre der Apostel glaubt und bezeugt. Damit diese Apostolizität der ganzen Kirche gewährleistet wird, bedarf es nach Irenäus – neben anderer Mittel – auch der Nachfolge des Amtes. Sie dient dazu, dass die Kirche als Ganze apostolisch bleibt. Das bischöfliche Amt ist damit Zeichen und Werkzeug für die Apostolizität der Kirche als Ganzer.

Dieser Gedanke der Nachfolge im bischöflichen Amt ist ein Grundmerkmal der bischöflich verfassten Kirchen, also der Orthodoxie, der katholischen Kirche und der anglikanischen Gemeinschaft. Wenn daraus nicht, in Abweichung von Irenäus von Lyon, eine automatisch wirkende Garantie gemacht wird, wenn deutlich wird, dass Amtssukzession als Zeichen für die Treue zur Lehre verstanden werden muss, dass sie *ein Zeichen* ist, keineswegs eine sichere Garantie oder das einzige Zeichen, dass die Amtsnachfolge nicht einfachhin die Apostolizität der Kirche ist, dann ist diese Vorstellung auch mit der Grundüberzeugung reformatorischer Kirchen zu vereinbaren. Denn die Aussagen, dass die Kirche durch ihre Treue zur apostolischen Botschaft apostolisch ist, und dass das Amt nach dieser Deutung der Apostolizität der Botschaft dient, ist nicht mehr kontrovers.

Strukturen und Ämter in der Kirche

Jerusalem – Urgemeinde – aramäisch sprechend – griechisch sprechend	„Die Zwölf" Apostel, Älteste (= Presbyter) „Die Sieben"
Paulus heidenchristliche Gemeinden	Apostel, vielfältige Charismen, unterschiedlich benannte Ämter, darunter Aufseher (Episkopen) und Diakone
Deuteropaulinen, Pastoralbriefe	Aufseher (Episkopen), Älteste (Presbyter), Diakone, Lehrer, Propheten (u. a.)
Nachbiblisch, z. B. Ignatius von Antiochien	(Mon-) Episkopos, Presbyter, Diakone

Neue Herausforderungen und Schwerpunktsetzungen

Durch die Betonung des bischöflichen Amtes, das in diesen Kontroversen immer gewichtiger wurde, vor allem aber durch äußere Ereignisse, insbesondere die konstantinische Wende, veränderten sich die Bedingungen und damit die Erscheinungsformen der Kirche erheblich. War die Kirche in der Situation der Verfolgung oder der teilweisen und schweigenden Duldung notwendigerweise eine kleine Herde, eine Minderheit von entschieden Glaubenden, wurde sie mit Konstantin zu einer kulturell, gesellschaftlich und politisch dominierenden Macht. Sie deckte sich geographisch mehr und mehr mit den Grenzen des römischen Reichs, wurde zur Massenkirche, zur Volkskirche mit allen Konsequenzen dieses Prozesses. Die Sünde in der Kirche, die große Zahl derer, die ihr durch Taufe angehörten, aber in ihrem Leben daraus kaum Konsequenzen zogen, wurde immer mehr zum Problem. Wie kann die heilige Kirche, die aus dem göttlichen Heilswillen entstammt und durch die Auferstehung Christi und die Geistsendung in ihrer Gestalt begründet wurde, durch Sünder bestimmt sein? Die Frage nach der Heiligkeit der Kirche und, damit zusammenhängend, nach einem Ausschluss der Sünder war eine der großen Herausforderungen.

Anfangs war Volk Gottes die Gemeinschaft aller Christen, die sich als Brüder und Schwestern verstanden und als solche auch anredeten. Als in der nachkonstantinischen Reichskirche die Bischöfe zu höheren staatlichen Beamten wurden und deren Privilegien erhielten, betrachtete man als Volk nur noch die einfachen Gläubigen, nicht mehr die Amtsträger. Aus dem biblischen Wort *laós*, Volk, das alle Glaubenden umfasste und sie von den Nicht-Glaubenden unterschied, wurde nun der Begriff „Laie" der in der Folgezeit den Nicht-Amtsträger im Gegensatz zum Priester bezeichnete.

Die Kirche übernahm das Erbe des römischen Staates, seine Kultur und seine Tempel, und errichtete darauf ihre Gotteshäuser: Die römische Kirche *Santa Maria sopra Minerva*, das *Pantheon*, das zu einer Kirche „aller Heiligen" wurde, sind Symbole dafür, dass das römische Reich in der Kirche einerseits überwunden wurde, andererseits aber auch weiterlebte. Kirche verstand sich als *imitatio imperii*, als Abbild des Reiches, als Herrin und Kaiserin. Theologisch wurde sie dadurch legitimiert, dass biblische Aussagen über das Reich Gottes auf sie übertragen wurden. Insbesondere Eusebius deutete die politischen und militärischen Erfolge Konstantins als Siege des Reiches Gottes. Darum musste der Untergang des Römischen Reichs auch für die Kirche zu einer Glaubensprobe werden, schien doch mit dieser politischen Katastrophe die Herrschaft Gottes selbst tangiert. Augustin versuchte, darauf eine geschichtstheologische Antwort zu geben, indem er erneut auf die eschatologische Dimension der Gottesherrschaft hinwies, die in der Kirche und im Römischen Reich zwar schon wirksam ist, aber noch nicht ihre endgültige Gestalt und Realisierung gefunden hat.

Die Kirche im Glaubensbekenntnis – die Wesensmerkmale von Kirche

Die gewichtigste Aussage der frühen Christenheit über die Kirche steht im Glaubensbekenntnis, wo es heißt: „Ich glaube die eine, heilige, katholische und apostolische Kirche". Dabei ist zunächst der Aufbau des Credos zu bedenken. Unsere Glaubensbekenntnisse sind durchwegs dreigliedrig, sie sind strukturiert durch das Bekenntnis zum Vater, zum Sohn und zum Heiligen Geist. Die Aussagen zur Kirche sind nicht ein vierter Glaubensartikel daneben, sondern sie sind aufgenommen in das Bekenntnis zum Geist und präzisieren es. Es ist die Aussage, dass der Geist die Kirche lebendig macht und sie führt und dass die Kirche den Geist vermittelt. Kirche ist Werk des Geistes und vermittelt ihn. Wenn wir also im Credo die Kirche bekennen, dann bezieht sich dies nicht auf eine soziologisch erfassbare Größe, sondern es geht um das Werk des Geistes, in dem Christus in der Welt anwesend bleibt. Aussagen über den Geist werden im Credo mit seinem Werk, insbesondere mit der Kirche, verbunden.

Und doch ist eine Differenz zwischen dem Glauben an den Heiligen Geist und dem Glauben an die Kirche. Die Kirche ist nicht in gleicher Weise Glaubensgegenstand wie der Geist. Dies kommt im Credo sprachlich dadurch zum Ausdruck, dass das Bekenntnis den Glauben *an* den Vater, *an* Jesus Christus, *an* den heiligen Geist formuliert, aber dass nicht geglaubt wird *an* die Kirche, sondern *die* Kirche. Im lateinischen Text wird die Differenz deutlicher: *Credo in Spiritum Sanctum et unam sanctam catholicam et apostolicam Ecclesiam*: Ich glaube die Kirche. Der Glaube (an) die Kirche bezieht sich auf das Werk, das sie gegenwärtig hält und verkündet. Die Kirche steht nicht in sich und für sich, sie ist nicht Gegenstand und Ziel des Glaubens, weil das nur Gott sein kann. Nur an ihn kann man glauben. Die Kirche wird geglaubt als Werk des Geistes, in der Gottes Wort greifbar und sein Heil offenbar wird. Darum ist Kirche mehr als nur ein Zusammenschluss von Menschen, eine *congregatio fidelium*, Versammlung der Gläubigen. Dies wird verdeutlicht in den Wesenseigenschaften von Kirche.

Die Einheit

Einheit gehört zum Wesen der Kirche. Sie ist eins, weil sie in Gemeinschaft mit Gott steht. Insofern besagt ihre Einheit zunächst nicht eine empirisch erhebbare Wirklichkeit, sondern eine theologische Qualität, die Übereinstimmung der Kirche mit der Stiftung Jesu Christi. Das Wort von der Einheit richtet sich primär nicht auf ein ausständiges Ziel, das wir Menschen zu verwirklichen hätten, sondern auf den

Ursprung der Kirche, ihre Treue zur göttlichen Stiftung. Die Einheit der Christen untereinander, die dann auch zu einer Erfahrungstatsache werden soll, erhält daraus ihre Dringlichkeit; aus der Gabe wird Aufgabe. Denn wenn diese Einheit nicht gewahrt ist, wird dadurch auch die Einheit mit Ursprung verdeckt. Aber zunächst ist Einheit der Kirche nicht eine Sache menschlichen Machens, sondern göttliche Vorgabe.[9]

Kirche ist einig, weil sie Kirche ist, d. h. weil sie aus dem Wort Gottes lebt, seine Botschaft hört, weil sie die heiligen Zeichen vollzieht, die Gläubigen tauft und das Herrenmahl feiert. Ihre Einheit gründet in der Gemeinschaft, der *koinonia*, die Gott selbst ist. So wie Gott nach christlicher Überzeugung als dreifaltige Gemeinschaft existiert, wie seine Einheit durch Gemeinschaft und reale Gegensätze bestimmt ist, so kann auch die Einheit der Kirche nicht im Sinne von monolithischer Einheitlichkeit verstanden werden, sondern als Einheit in Vielfalt und Gemeinschaft. Bestrebungen zu einer statisch zentralistischen Form des Kirchenregiments können sich darum nicht auf die Forderung nach Einheit der Kirche berufen, die das Credo formuliert. Die Kirche ist Gemeinschaft, nicht Monarchie. Alle Bestrebungen, Kirche zentralistisch oder gar absolutistisch zu regieren und die Eigenständigkeit der Ortskirchen und die Freiheit des christlichen Gewissens zu untergraben, berufen sich zu Unrecht auf das Glaubensbekenntnis. Die Konsequenzen, die sich daraus für das Kirchenrecht und insbesondere für die ökumenische Fragestellung ergeben, können an dieser Stelle nur angedeutet, nicht im Detail ausgeführt werden.

Die Heiligkeit

Das Bekenntnis zur heiligen Kirche ist nicht Zeichen von Überheblichkeit oder von Blindheit gegenüber den tatsächlichen Verhältnissen. Vielmehr wurde es gerade in einer Zeit formuliert, in der das Leiden an der Sünde in der Kirche und der Unzulänglichkeit ihrer Glieder in besonderer Schärfe erlebt wurde. Von außen wurden und werden der Kirche Anmaßung und Überheblichkeit vorgeworfen, die sich letztlich gegen sie selbst richten. Wäre sie bescheidener, so der Vorwurf, könnte man ihr die Fehler wohl verzeihen. Wenn sie aber mit dem Anspruch der Heiligkeit auftritt, muss sie es sich gefallen lassen, an ihm gemessen zu werden und dann nicht bestehen zu können. Im Inneren sind angesichts der Forderung der Heiligkeit immer wieder entschiedene Christen an der konkreten Kirche verzweifelt. Tertullian war wohl der erste, der sich so sehr an der Sünde stieß, dass er die Großkirche in ihrer Legitimität in Frage stellte. Sie könne nicht die wahre Kirche sein, weil sie eine laxe Moral vertrete und Sünde großzügig verzeihe und dadurch der Heiligkeit im Wege stehe. So schloss sich Tertullian Gruppen an, in denen nur die *Reinen*, die *Sündelosen*, die *Heiligen* Heimatrecht hatten. Immer wieder sind im Verlauf der Kirchengeschichte Reformbewegungen aufgetreten, die angesichts der Sünde an der Kirche irre geworden sind. Letztlich war auch die Reformation zu einem nicht geringen Anteil durch die Kritik an der Sünde in der Kirche und deren Unheiligkeit bestimmt.

Die Kirche aber weigerte sich, allein die heiligen Glieder auszuwählen und die Sünder zu exkommunizieren. Immer wieder gab es Versuche, eine Kirche der Reinen, der Heiligen – heute würde man vielleicht sagen: eine Kerngemeinde der Entschiedenen und Aktiven – zu etablieren und alle anderen auszuschließen. Mehrmals wurde die Forderung verurteilt, dass Menschen, die nicht im Stande der Gnade leben, exkommuniziert werden müssten. Es ist eine der großen Herausforderungen für jede Lehre von der Kirche, sich der Tatsache zu stellen, dass die Kirche einerseits Stiftung des Herrn ist, aus göttlichem Heilsplan entspringt, als Geschöpf des Geistes gepriesen wird und dass sie dennoch gleichzeitig eine recht unheilige Kirche ist.

Die Sünde bleibt nicht im Vorfeld. Sie ist der Kirche nicht fremd, sie gehört zu ihr. Dennoch bezeichnet sie sich als heilige Kirche. Die Formulierung, die Kirche sei *communio sanctorum*, Gemeinschaft der Heiligen, kann sich – rein sprachlich – sowohl auf die Gemeinschaft der heiligen Menschen als auch der heiligen Dinge, der heiligen Zeichen beziehen. Ursprünglich meinte das Bekenntnis im Credo die heiligen Dinge, die Teilhabe am Wort, an den Sakramenten, insbesondere an den eucharistischen Elementen. Die Kirche ist Gemeinschaft dieser heiligen Zeichen, vor allem weil sie Eucharistie feiert. Was das Credo formuliert, ist also nicht die Anmaßung einer außergewöhnlichen moralischen Qualität der Kirchenglieder, es ist das Bekenntnis zur sakramentalen, zur eucharistischen Ekklesiologie.

Die vielleicht radikalste Kirchenkritik: Nach Dostojewskis Parabel vom Großinquisitor hat sich die Kirche in der Welt eingerichtet und verbrennt den wiederkommenden Christus, weil er ihr Werk stört:

Warum also bist Du gekommen, uns zu zerstören? Denn Du bist uns stören gekommen! Das weißt Du selbst. Aber weißt Du auch, was morgen geschehen wird? Ich weiß nicht, wer Du bist und will es auch nicht wissen: bist Du's wirklich, oder bist Du nur Sein Ebenbild? Aber morgen noch werde ich Dich richten und Dich als den ärgsten aller Ketzer auf dem Scheiterhaufen verbrennen, und dasselbe Volk, das heute noch Deine Füße geküsst hat, wird morgen auf einen einzigen Wink meiner Hand zu Deinem Scheiterhaufen hinstürzen, um eifrig die glühenden Kohlen zu schüren ...

(F. Dostojewski, Die Brüder Karamasoff, München 1996, 407)

Dagegen stehen strahlende Bekenntnisse zur heiligen Kirche, etwa das von Gertrud von Le Fort:

Dein Name tönt mich an wie der Name eines Sternes.
An allen Ufern meiner Augen ist kein Bild, das dir gleich-
käme:
Du bist wie eine blühende Säule unter lauter totem Schutt.
Du bist wie ein edler Pokal unter eitlen Scherben!
Könige müssen vor dir verwelken und Heerscharen er-
blassen, denn ihrer aller Bruder ist der Wind, aber deine
Brüder sind Felsen.
Wer möchte zu sprechen wie du sprichst? Wer müsste
nicht am Zorn des Höchsten vergehen?
Du hebst dein Haupt bis an den Himmel, und dein
Scheitel wird nicht versengt,
Du schreitest bis zum Rande der Hölle nieder, und deine
Füße bleiben unversehrt!
Du bekennst Ewigkeit, und deine Seele erschrickt nicht.

(Gertrud von Le Fort, Hymnen an die Kirche,
München 1924, 11)

Die Kirche ist heilige Kirche, weil ihre Glieder durch das
Sakrament der Taufe in sie aufgenommen werden. Zur Kirche gehört man nicht durch menschliche Leistung, sondern
durch göttliches Erbarmen. Gott kommt dem Menschen mit
seiner Gnade entgegen, ohne dass dieser etwas beizutragen
vermöchte oder beitragen müsste. Aufnahme in die Kirche
erfolgt nicht durch menschlichen Entschluss, sondern durch
eine unbedingte Zuwendung Gottes. Insofern ist Kirche in
diesem Verständnis nicht primär Gemeinschaft der entschieden Glaubenden. Taufe wird in erster Linie nicht als persönliche Entscheidung verstanden, sondern als Vorentscheidung
Gottes für den Menschen. Darum konnte sich die Kirche
entschließen, Kinder zu taufen, die selbst zur Glaubensent-
scheidung noch nicht fähig sind. Dies ist die Konsequenz
der Botschaft von der Rechtfertigung, dass Gott auf den
Menschen zukommt, obwohl dieser, als Sünder oder auch

als Unmündiger, nichts zu leisten vermag. Die Rechtfertigungslehre ist für die Gestalt der Kirche Weichen stellend. Sie macht eine Volkskirche möglich, in der auch weniger entschiedene und engagierte Glieder ihren legitimen Ort haben. Entscheidungskirche, Gemeindekirche kann sicher zu einem leuchtenden Beispiel christlicher Existenz werden, als Modell verstanden tendiert sie aber darauf hin, Kirche vom menschlichen Tun her zu verstehen. Es entspricht orthodoxem, katholischem und lutherischem Verständnis, Kirche vom zuvorkommenden Gott her zu deuten, nicht von der Entscheidung der einzelnen Gläubigen. An dieser Stelle ist eine gewisse Differenz zur reformierten und zur freikirchlichen Tradition festzustellen, in denen der Entscheidungscharakter im Zentrum steht und damit die menschliche Leistung für die Existenz von Kirche und für die Kirchengliedschaft von wesentlich höherer Bedeutung wird.

In beiden Konzeptionen aber wird festgehalten, dass das, was Gott am Menschen getan hat, in diesem Frucht bringen muss. Weil sich Gott dem Menschen zugeneigt hat und ihn ohne seine Leistung aufnimmt in seine Gemeinschaft, darum muss dies in der Verwirklichung christlicher Existenz Konsequenzen haben. Weil die Getauften geheiligt sind, sollen sie auch persönlich zu Heiligen und Vorbildern des Glaubens werden. Jedenfalls gehört zur Heiligkeit der Kirche, dass sie nicht einfachhin in den Strukturen der Welt aufgeht, all das annimmt, akzeptiert und absegnet, was alle tun und für richtig halten, sondern dass sie dazu immer auch quer liegt, dass sie in der Welt nicht passt und Stein des Anstoßes ist, dass sie zur Kontrastgemeinschaft wird. Die Würzburger Synode hat es so formuliert: „‚Die Welt' braucht keine Verdoppelung ihrer Hoffnungslosigkeit durch Religion; sie braucht und sucht das Gegengewicht, die Sprengkraft gelebter Hoffnung. Und was wir ihr schulden, ist dies: das Defizit an anschaulich gelebter Hoffnung auszugleichen"[10].

„Katholisch" meint im Glaubensbekenntnis nicht eine Konfessionsbezeichnung, sondern ein Wesensmerkmal der Kirche als Ganzer. Insofern ist es bedauerlich, dass in den evangelischen Kirchen im Gottesdienst der Begriff „katholisch" zumeist durch „christlich" ersetzt wird. „Katholisch" ist eine Bezeichnung für die universale Kirche, nicht allein für eine Konfession. Der Begriff „katholisch" beschreibt die universale, von Christus geleitete Kirche. Er will ausdrücken, dass in ihr die sakramentale Fülle und die umfassende Botschaft Christi gewährleistet sind. Kirche ist katholisch, weil sie in der vollen Lehre und der vollen Gnadengabe ihres Herrn lebt. Dies wird jede Konfession von sich bekennen wollen.

Dieser Aspekt der Fülle und Vollkommenheit hat im Laufe der Zeit unterschiedliche Aspekte gefunden. So besagt er Rechtgläubigkeit und Einzigkeit im Gegensatz zu Gruppierungen, die eine Auswahl, griechisch *hairesis*, treffen, die Fülle preisgeben und darum als Häretiker kritisiert werden. Er bezeichnet die weltweite Ausdehnung im Gegensatz zu regionalen Absonderungen, die Ungebrochenheit der Überlieferung in Raum und Zeit und auch die eschatologische Ausrichtung der Kirche, die ihrer Vollendung im Reich Gottes entgegengeht. In der Neuzeit bekommt der Begriff „katholisch" eine apologetische Wendung. Hier besagt er die wahre Kirche, die unter der Führung des Papstes weltweit existiert, während die Neuerer, gemeint sind die Reformatoren, mit ihrer Lehre immer nur regionale Verbreitung finden. Von hier aus wird „katholisch" dann zur Konfessionsbezeichnung, wobei „katholisch" durch „römisch" spezifiziert wird.

In der heutigen Diskussion um den Begriff der Katholizität ist festzuhalten, dass der Auftrag der Kirche jede Partikularität sprengt. Sie wendet sich an alle Welt, umfasst die ganze Geschichte und hat ein Heil zu verkünden, das allen Menschen gilt und das jede Grenze von Rassen, Klassen und Geschlecht übersteigt. Zur Kirche gehört folglich Mission. Kirche muss das Evangelium allen Völkern bringen. Solche Mission darf nicht kulturelle Werte zerstören und zur Kolonialisierung der Völker beitragen. Keine Frage, in der Missionsgeschichte ist viel Unrecht geschehen und sehr viel Unheil angerichtet worden. Dies soll nicht beschönigt werden. Aber es ist auch festzuhalten, dass nach Aussagen des Zweiten Vatikanischen Konzils und vieler nachkonziliarer Dokumente jede Kultur geeignet ist, die christliche Botschaft auszudrücken und gleichzeitig der Kritik durch das Evangelium bedarf. Im Gegensatz zu allen Vorstellungen, dass Mission eine Latinisierung des Erdkreises bedeuten müsse und das Römische über das Katholische zu dominieren habe, gilt es festzuhalten, dass Katholizität Inkulturation ermöglicht und verlangt. Die jungen Kirchen haben inzwischen selbstbewusst Anstrengungen unternommen, um eine Form von Liturgie, Theologie, kirchlichem Leben zu entwickeln, die ihnen und ihrer jeweiligen Herkunft entsprechen. „Römisch-katholisch" kann nicht bedeuten, dass der Erdkreis nach dem Modell der römischen Stadtkirche gestaltet werden müsste, sondern dass Rom ein Konzentrationspunkt ist, in dem die unterschiedlichen Kulturen und die Theologien zusammenkommen und in den Dialog eintreten. In dieser Gemeinschaft der Orts- und Teilkirchen realisiert sich jeweils am Ort die universale, die katholische Kirche. Diese ist nicht ein Bund oder Zusammenschluss von Einzelkirchen, sondern ebenso Kirche, wie die Ortskirchen Kirche sind. Im Netz der Orts- und Teilkirchen und in ihrer gegenseitigen Verwiesenheit existiert die universal-katholische Kirche. „Katholischsein heißt dann, in Querverbindungen stehen"[11]. Keine Ortskirche kann sich isolieren, die Offenheit für die anderen Kirchen ist konstitutiv für ihr eigenes Kirchesein. Dabei hat die Gemeinschaft mit der Kirche von Rom, aber auch der Kirche von Rom mit den vielen Ortskirchen konstitutive Bedeutung. Doch Rom ist nicht die Universalkirche, die katholische Kirche.

Die Apostolizität der Kirche

Die neutestamentlichen Überlegungen haben gezeigt, dass das Amt des Apostels die Kontinuität vom historischen Jesus hinein in die Zeit der Kirche gewährleistet. Auf der Botschaft der Apostel baut die kirchliche Verkündigung auf. Insofern bedeutet Apostolizität die Übereinstimmung der Kirche mit ihrem Ursprung. Die Kirche ist als Ganze apostolisch, weil sie in Wort und Sakrament verkündet und vollzieht, was ihr überliefert wurde, weil sie lebt, wie die Apostel gelebt haben. Apostolizität besagt damit, dass die Kirche weitergibt, was sie selbst empfangen hat. Sie macht nicht ihren Glauben, verkündet nicht ihre eigenen Erfahrungen und Kenntnisse, sondern steht im Dienst der Weitergabe dessen, was vom Ursprung her überkommen ist. Die Kirche gründet in der Verkündigung der Apostel, nicht in der Erfindung religiöser Genies.

Diese grundlegende Aussage hat in den verschiedenen kirchlichen Traditionen eine unterschiedliche Präzisierung erfahren. In der Alten Kirche wurde die Treue zum Ursprung eng an die Nachfolge im kirchlichen Amt gebunden. Demnach ist Kirche apostolisch, weil sie Amtsträger hat, die in Treue das überliefern, was ihnen selbst überkommen ist. Auf diese Argumentation, ihre Bedeutung für die bischöflich verfassten Kirchen und damit für die ökumenische Diskussion wurde bereits hingewiesen. In den Kirchen der Reformation wird die Apostolizität vor allem als die Identität in der Lehre verstanden, dass die Kirche heute ungebrochen die biblische Botschaft lehrt und verkündet. Hier konkretisiert sich die Apostolizität im Prinzip des *sola scriptura*, in der Forderung, dass allein die Schrift Norm und Kriterium für die kirchliche Verkündigung sein darf, nicht dagegen spätere Überlieferungen. Diese werden hier als Entstellungen der apostolischen Botschaft verstanden. Eine ökumenische Verständigung scheint heute dahingehend möglich, dass einerseits in der katholischen Kirche deutlich gemacht wird, dass das kirchliche Amt unter der Norm der Schrift steht, dieser dient und sie auslegen, keineswegs aber sie verdrängen will, dass andererseits die evangelische Theologie die Tatsache neu wertet und gewichtet, dass Weitergabe und Auslegung der Schrift nicht aus sich selbst geschehen, sondern eine personale Zuspitzung haben, dass also Menschen beauftragt werden, diese Funktion wahrzunehmen.

Insofern schließen beide Aspekte von Apostolizität einander keineswegs aus, sondern können sich gegenseitig befruchten und bestärken. Dies gilt auch für eine dritte Form, wie der Begriff der Apostolizität gedeutet wurde, nämlich die Apostolizität im Leben. Vor allem in den mittelalterlichen Reformbewegungen wurde die Apostolizität der Kirche an einem Leben in Übereinstimmung mit dem Leben der Apostel festgemacht, und das bedeutete innerhalb dieses geistigen Umfeldes ein Leben in der Armut, wie es die Apostel gelebt haben.

Nachdem im biblischem Zeugnis keine Forderung so durchgehend und entschieden aufgestellt ist, wie die der Armut, kann, wie die Armutsbewegungen lehrten, Apostolizität der Kirche nur durch ein Leben im Stand des Bettlers um Christi willen realisiert werden. Innerhalb dieser Tendenzen gab es unterschiedliche Strömungen. Auf der einen Seite konnte die Armutsbewegung durch die Ordensbildung der Franziskaner und der Dominikaner einen Ort finden innerhalb der Kirche. Auf der anderen Seite gab es in der franziskanischen Tradition auch radikale Strömungen, die dem Papst und den Bischöfen absprachen, Repräsentanten der Kirche, Verwalter der Sakramente und Verkünder des Wortes Gottes zu sein, und die allein die Armen als Repräsentanten der apostolischen Kirche und als rechte Diener an Wort und Sakrament erklärten.

Es ist kein Wunder, dass die Großkirche sich mit dieser Konzeption der Apostolizität nicht einverstanden erklärten und die Armutsbewegungen, soweit sie nicht in Orden eingebunden werden konnten, als häretisch exkommunizierte. Doch damit ist nicht ausgeschlossen, dass ein Leben in der Übereinstimmung mit dem Leben der Apostel Ziel christlicher Existenz ist, für Amtsträger der Kirche ebenso wie für ihre Glieder. Wahrscheinlich wird man heute diese Übereinstimmung nicht mehr allein an der Armut festmachen, sehr wohl aber sind Geschwisterlichkeit, Demut, die Bereitschaft, hinter der Botschaft Jesu zurückzutreten, und Treue zur überkommenen Aufgabe Zeichen dafür, dass die Kirche ihrer Bestimmung folgt. Eine rein automatische Sicht der Amtssukzession dagegen wäre Magie. Die Forderung einer materialen Identität heutiger Botschaft mit der Lehre des Neuen Testaments stünde in der Gefahr, dem historischen Faktum der Entwicklung der christlichen Botschaft hinein in unterschiedliche Kulturkreise nicht mehr gerecht zu werden. Denn die Treue zur apostolischen Botschaft darf nicht verstanden werden als einfaches Wiederholen und Zitieren dessen, was in der Bibel geschrieben ist. Vielmehr hat sich die christliche Botschaft als mächtige und anpassungsfähige Idee erwiesen, die in den unterschiedlichsten Kulturen und sozialen Kontexten jeweils neue Gestalt zu finden vermochte. Sicher sind bei diesen Übersetzungsprozessen, insbesondere beim Überstieg von der biblischen Botschaft hinein in die frühkirchlichen Konzilien, Dogmen und Credotexte, tief greifende Neubesinnungen erfolgt. Sie liefen ebenso wenig ohne Reibungs- und Verlustprozesse ab wie spätere Übersetzungen, etwa die von der antiken Geisteswelt hinein in die mittelalterliche Denkwelt, oder wie heute bei der Übersetzung in die Kulturen der jungen Kirchen. Dennoch, so das Bekenntnis zur Apostolizität der Kirche, ist die Lehre in aller Vielgestaltigkeit immer noch die der Apostel, folgt die Struktur der Kirche ungebrochen der Basis, die in ihrem Ursprung angelegt ist. Diese Zuversicht gewinnt die Kirche nicht durch das Vertrauen, durch historische und sprachliche Fähigkeiten die biblischen Texte recht verstehen und auslegen zu können, sondern aus dem Bewusstsein, dass sie vom Geist in der Wahrheit gehalten und zu ihrem Ziel geführt wird. Das bedeutet nicht, dass jede Entscheidung immer die bestmögliche, jede Formulierung unüberbietbar, gegebenenfalls sogar jede Personalentscheidung optimal wäre. Es bedeutet aber, dass die Kirche dort, wo es um ihre Botschaft, um Sein oder Nichtsein der christlichen Verkündigung geht, nicht in entscheidender Weise vom Glauben abfällt, sondern dass sie vom Geist im Glauben gehalten wird.

4. Historische Entwicklungslinien

Die Kirche als Imperium

Durch die konstantinische Wende veränderten sich die äußeren Bedingungen und damit die Erscheinungsformen der Kirche grundlegend. Schon die altkirchlichen Konzilien, in denen die Aussagen des Credos über die Kirche formuliert wurden, waren Veranstaltungen der Reichskirche. Angesichts von Glaubenskontroversen hatte der Kaiser sie einberufen. Er befahl den Bischöfen seines Reiches, sich in Nizäa, in Konstantinopel, in Ephesus, in Chalkedon zu versammeln, und es war zu einem guten Teil seiner Initiative bzw. dem Einsatz seiner Delegaten zu verdanken, dass die Formulierungen gefunden und die Bekenntnistexte aufgestellt werden konnten, die seither als Dogmen und Bekenntnisaussagen verbindlich sind und den rechten Glauben von der Irrlehre unterscheiden. Dabei war es bereits bei diesen Konzilien ein Problem, dass Kirche mehr und mehr mit dem Reich deckungsgleich wurde, weil nur die Bischöfe des Reichs geladen waren. Spätestens seit dem Konzil von Chalkedon 451, an dem die Kirchen, die nicht im Gebiet des Reiches oder die an dessen Grenzen lagen, insbesondere die assyrische, die armenische, weithin auch die ägyptische und die äthiopische Kirche nicht teilnahmen, wurde deutlich, dass ein Großteil der Christenheit außerhalb des Reiches lebte. Wenn diese Kirchen das Konzil und seine Beschlüsse nicht rezipierten, geschah dies weniger aus Glaubensgründen, sondern weil sie durch diese Veranstaltung der Reichskirche nicht angesprochen waren. Erst später bezeichnete man sie als *„nicht-chalcedonensisch"* und beschuldigte sie, vom rechten Glauben abgefallen zu sein. Die rechtgläubige Christenheit wurde damit fast ausschließlich zu einer Sache des Reichs, also von Rom und Konstantinopel als dem

Neuen Rom. Die Kirchen außerhalb dieser Grenzen, besonders die orientalische Christenheit, trat aus dem Blickfeld.
Durch die Eroberungen des Islams wurden die Beziehung
zu ihnen weithin abgeschnitten. Übrig blieb nach dem
5. Jahrhundert die Reichskirche, die sich überall dort aus-
breiten konnte, wo das römische Reich Fuß fassen konnte,
zunehmend auch nördlich der Alpen. Dies sollte das Bild
der Kirche wesentlich prägen.

Als Reichskirche wurde die Christenheit zur Massenkirche, zur Volkskirche mit allen Konsequenzen dieses Prozesses. Nun prägte nicht mehr das biblische Bild von der kleinen Herde derer, die Jesus nachfolgen wollten (Lk 12,32),
die Erscheinung der Kirche, sondern die große Zahl, von
denen nicht alle Vorbilder des Glaubens und der Lebensführung sein konnten und von denen sich manche durch
ihre Kirchengliedschaft recht irdische Vorteile erhofften.
Die Gemeinschaft aller Christen, die sich als Brüder und
Schwestern verstanden hatten, wurde mehr und mehr abgelöst durch ein System, in dem die Inhaber der Ämter die
Christenheit repräsentierten. Insbesondere den Bischöfen
wurden Titel verliehen, sie wurden mit Insignien und Würden ausgezeichnet, wie sie vormals die Beamten des römischen Reichs getragen hatten. Die Kirche selbst verstand
sich als *domina*, Herrin, als *imperatrix*, Kaiserin. Kirche
wurde als Reich Gottes auf Erden gedeutet und biblische
Aussagen über dieses auf sie übertragen.

Durch den Zusammenbruch des Römischen Reiches
fielen den Bischöfen, allen voran dem römischen Bischof,
Aufgaben zu, die die staatlichen Autoritäten nun nicht mehr
erfüllen konnten; sie übernahmen also auch politische Funktionen. Damit stellte sich erstmals das Problem, das vom
Ausgang der Antike an die gesamte mittelalterliche Christenheit und ihre Ekklesiologie beherrschen sollte: das Verhältnis von Kaiser und Papst. Schon seit Konstantin hatten
sich die Kaiser als Beschützer der Kirche verstanden, als
Wahrer ihres Glaubens; sie gebärdeten sich nicht selten

Apsismosaik S. Pudenziana, Rom: Christus als thronender Herrscher zwischen den Aposteln und den Symbolen der Evangelisten.

auch als ihre Herren. Der Cäsaropapismus erreichte unter Justinian seinen Höhepunkt in einem ausgesprochen theokratischen System, das in der Folgezeit insbesondere die Geschichte des Oströmischen Reichs und der griechisch sprechenden Christenheit bestimmte. Aber auch im Westen wurde dieser Gedanke geschichtsmächtig. Karl der Große (768–814) verstand sich als Stellvertreter Gottes und Christi auf Erden. Nach seiner Auffassung hat der Papst die Aufgabe, ebenso wie einstmals Mose beim Kampf gegen die Amalekiter, die Hände zum Gebet zu erheben, damit Gott der unter der Führung des Kaisers streitenden Kirche zum Sieg verhilft. Doch die Leitung der Kirche, vor allem die Einsetzung der Bischöfe, beanspruchten die Kaiser. In der Auseinandersetzung zwischen Imperium und Sacerdotium behielt zunächst der Kaiser die Oberhand. Er war anerkannt als Haupt der Christenheit, der die Kirche verteidigte und leitete und sie vor Schaden zu bewahren wusste. So problematisch dies auch erscheint, im Ganzen gesehen geschah es keineswegs zum Schaden des Papsttums. Es wurde auch in Zeiten tiefsten Niedergangs und allgemeiner Schmach von den Kaisern getragen und gestützt.

Diese Entwicklung verlief im Osten anders als im Westen. Nach der Reichsteilung beanspruchte Konstantinopel als das Neue Rom einen Ehrenvorrang unmittelbar nach Rom, noch vor Alexandrien und Antiochien. Dem Bischof von Konstantinopel wurde seit dem 6. Jahrhundert der Titel „Ökumenischer Patriarch" zuerkannt. Papst Gregor I. hat diesen Titel zwar als verabscheuungswürdig zurückgewiesen: Es könne keinen Bischof über die ganze Ökumene geben; letztlich freilich beanspruchte ja der Papst selbst einen Primat über die Gesamtkirche. Der Konflikt war unvermeidlich, und die kulturelle Auseinanderentwicklung der griechischen und der lateinischen Welt tat ein Übriges, um ihn eskalieren zu lassen. So waren die gegenseitigen Beschuldigungen und Exkommunikationen des Jahres 1054 nur noch der unmittelbare Anlass, der zum Schisma führte.

Der Papst und der Patriarch von Konstantinopel exkommunizierten sich gegenseitig, wobei politische und kulturelle Probleme größeres Gewicht hatten, als einige, eher nachgeschobene Glaubensdifferenzen. Dieses Ereignis, das zunächst nur wenige Personen betraf, wurde zum Auslöser für eine Bewegung, die letztlich zur Kirchentrennung führte. Seither sind die Kirchen des Ostens und des Westens voneinander getrennt, trotz aller Versuche, diese Spaltung zu überwinden. Die Lehre von der Kirche, die sich weithin erst im 2. Jahrtausend entfaltete, blieb von den Entwicklungen im Osten weitgehend unberührt. Sie ist ganz der westlichen Tradition   verhaftet.

Die Geschehnisse von 1054 wurden maßgeblich beeinflusst durch die Gregorianische Reform, in der das Papsttum eine Machtfülle beanspruchte, die für das Erste Jahrtausend schlechthin unerhört und für die Kirchen des Ostens nicht akzeptabel war. Der *„Dictatus papae"* Papst Gregors VII. hat diesen Anspruch in schroffsten Formulierungen ausgedrückt und eine allgemeine Oberhoheit des Papstes über den Kaiser und aller geistlichen Gewalt über die weltlichen Herrschaften gefordert.

Gregor VII.: Der Anspruch des Papstes
(Auszüge aus dem „Dictatus papae"):
1. Einzig und allein von Gott ist die römische Kirche gegründet. 2. Nur der römische Papst trägt zu Recht den Titel des universalen Papstes. 3. Er ganz allein kann Bischöfe absetzen und auch wieder einsetzen ... 8. Nur er verfügt über die kaiserlichen Insignien. 9. Alle Fürsten haben die Füße einzig und allein des Papstes zu küssen ... 18. Sein Entscheid kann von niemandem aufgehoben werden, er selbst aber kann Urteile aller anderen Instanzen aufheben. 19. Über ihn besitzt niemand richterliche Gewalt ... 22. Die römische Kirche hat nie geirrt und wird nach dem Zeugnis der heiligen Schrift auch in Ewigkeit

nicht irren. 23. Wenn der römische Papst in kanonischer Wahl erhoben ist, dann wird er ohne Zweifel nach dem Zeugnis des heiligen Ennodius von Pavia heilig durch die Verdienste des heiligen Petrus. 26. Wer nicht mit der römischen Kirche übereinstimmt, kann nicht als katholisch (rechtgläubig) gelten. 27. Er kann Untertanen vom Treueid gegen unbillige (Herrscher) entbinden.

(tzt D 5 Nr. 72)

Letztlich übe der Kaiser sein Amt allein im Auftrag und in Delegation des Papstes aus und könne darum von diesem jederzeit abgesetzt werden. Mit dem Investiturstreit, der sich an der Forderung entzündete, nicht mehr der Kaiser als Beschützer der Kirche dürfe nach alter Ordnung und hergebrachtem Recht Bischöfe einsetzen, sondern allein der Papst, zerbrach die frühmittelalterliche Verfassung der Christenheit mit ihrer Harmonie von Sacerdotium und Imperium, von weltlicher und geistlicher Ordnung.

Waren im Frühmittelalter im Prinzip beide einander harmonisch zugeordnet, wich nun diese Einheit einem fast feindlichen Gegeneinander. Papst Bonifaz VIII. (1294–1303) führte die Zwei-Schwerter-Theorie zu ihrem Höhepunkt. Demnach ist alle geistliche und weltliche Gewalt, ausgedrückt in den zwei Schwertern, ursprünglich beim Papst. Dieser führt das geistliche Schwert selbst, das weltliche übergibt er an den Kaiser, der damit sein Amt aus Gnaden des Papstes ausübt und von diesem jederzeit wieder abgesetzt werden kann. Diesem Anspruch wurde gleichsam die Krone aufgesetzt, als Papst Bonifaz VIII. erklärte, dass schon von alters her die Laien dem Klerus bitterfeind seien. Selbst wenn politische Konflikte Anlass zu dieser Aussage gaben und wenn „Laien" im Sinne des Papstes die Fürsten waren, nicht die einfachen „Leute", war hiermit eine Entgegensetzung von Laien und Klerus festgeschrieben, die das biblische Bild von der Kirche einfachhin auf den Kopf stellte.

Andrea Bonaiuto, S. Maria Novella, Florenz, Auftrag und Triumph der Kirche. Papst und Kaiser erscheinen als gleichrangige Herrscher in der Kirche, die ihr Amt jeweils in Harmonie ausüben. Eine selten realisierte Idealvorstellung.

Gegen diese innerkirchliche Entmündigung der Laien entstanden Gegenbewegungen in den Orden, den Armutsbewegungen im Gefolge eines Joachim von Fiore und der Franziskanischen Reform und in der Kreuzzugsbewegung und ihrer Forderung nach einer *Vita apostolica*, einem Leben in Übereinstimmung mit der Lebensführung der Apostel als Zeichen der Apostolizität der Kirche. Neben dem Bild von der imperialen, herrscherlichen Kirche findet sich somit im Hochmittelalter auch die Forderung nach einer armen, einer dienenden Kirche, die nicht durch die Hierarchen, sondern durch die Bettler und Mönche repräsentiert wird, also durch jene, die so leben, wie die Apostel gelebt haben. Diese allein seien die wahren Christen und die Träger der Apostolizität der Kirche, nicht dagegen die reichen Bischöfe, ungeachtet deren apostolischer Sukzession. Diese Vorstellungen führten zu schärfsten Auseinandersetzungen und zur Gründung der Inquisition. Andererseits konnte die Armutsbewegung, soweit sie sich als Orden konstituieren ließ, ihren Ort innerhalb der Kirche finden und wurde zu einer ihrer mächtigsten Reformansätze.

Diese Veränderung in der Gestalt der Kirche verlangte natürlich auch eine theologische Fundierung und Neuorientierung. Im Verlauf dieser Konflikte wurden im Hochmittelalter die biblischen Bilder von der Kirche als Volk Gottes und als Leib Christi dahingehend verändert, dass sie nicht mehr die Einheit und Gleichheit aller Glaubenden, sondern deren Unterschiedenheit zum Ausdruck brachten. Kirche wurde als Gemeinschaft von Ungleichen verstanden, wobei alles Interesse bei den Amtsträgern lag. Sie erschien nun als die eine Stadt *mit* zwei Völkern, später *als* zwei Völker: Der Papst mit den Klerikern bilden das eine, der Kaiser mit den Laien das andere Volk. Seit dem Ausgang des 14. Jahrhunderts spricht man von der rechten und linken Seite des Leibes und im 14. und 15. Jahrhundert gar von zwei Körpern der Kirche, von denen jeder sein eigenes Haupt habe: einer den Kaiser, der andere den Papst. Die Kritik an dieser Vor-

Giotto, S. Francesco, Assisi. Im Traum von Papst Innozenz III.
erscheint Franziskus, der die einstürzende Kirche hält.

stellung von den zwei Häuptern diente in der Folgezeit dazu, der jeweils anderen Seite die Funktion des Hauptes abzusprechen und sie als untergeordnet und abhängig darzustellen.

In dieser Situation entfaltete sich die Ekklesiologie weithin in der Kanonistik, im Kirchenrecht. Sie kreiste um die Frage nach den jeweiligen Vollmachten. Die theologische Qualität der Kirche dagegen trat mehr und mehr in den Hintergrund. Dies zeigt sich etwa in der Verwendung des Begriffes „Leib Christi". Im Anschluss an den Abendmahlsstreit um Berengar v. Tours (ca. 1005–1088) wurde das Wort *Corpus Christi*, Leib Christi, nicht mehr der Kirche, sondern der Eucharistie zugeschrieben. Die Kirche erschien nun lediglich noch als *corpus mysticum*, mystischer Leib und nur noch abgeleitet und nicht mehr so ganz wirklich als der Leib Christi. Diese Vorstellung verband sich mit dem Begriff *corpus ecclesiae*, der rein rechtlich-institutionell gedeutet wurde und im Sinn der Rechtssprache lediglich metaphorisch die Körperschaft Kirche, nicht mehr dagegen eine sakramentale Gemeinschaft bezeichnete. Zentrales Thema der Ekklesiologie wurde die Zuordnung der Gewalten des Papstes und des Kaisers, aber auch des Papstes, der Bischöfe und des Konzils. Auf der einen Seite wurde die Kirche mit dem Papst identifiziert, andererseits wurde aus der Geschichte der Papstabsetzungen im Mittelalter die Überlegenheit des Konzils, gegebenenfalls auch des Kaisers über den Papst hergeleitet. Es gehört zu den bedrückenden Erscheinungen in der immer auch sündigen Kirche, dass die Kontroversen zwischen diesen verschiedenen Kirchenbildern oft mit Macht und Gewalt ausgefochten wurden, nicht selten mittels der Inquisition und der Folter, die zur Ausrottung als irrig erachteter Vorstellungen eingesetzt wurden. Denn, so die Begründung, der Irrtum hat kein Recht. Diese Mittel wurden auch gegen die Juden angewandt. Die frühmittelalterliche Vorstellung von der *ecclesia universalis*, der universalen und umfassenden Kirche, die das ganze Gottesvolk des

101

Alten und des Neuen Bundes umfasste und es zu einer Einheit zusammenschloss, wurde abgelöst von der „Adversus-Judaeos-Literatur", d. h. von Schriften gegen die Juden mit schlimmen Konsequenzen für ungezählte Betroffene.

Die Kirche in den Konfessionen

Mit der neuzeitlichen Konzentration auf das Subjekt, seine Freiheit und seine Vernunft stellte sich die Frage nach der Kirche in neuer Weise. Der einzelne Glaubende erfuhr sich nicht mehr fraglos in die Gemeinschaft der Glaubenden integriert, die konkrete Kirche zeigte sich am Ausgang des Mittelalters oftmals in abstoßender Gestalt. Die Forderung nach einer Reform an Haupt und Gliedern war allgegenwärtig. Die Reformation hatte ihren Ausgangspunkt in der Frage: „Wie kriege ich einen gnädigen Gott", also im Ringen um die Rechtfertigung. Der Einzelne stand vor seinem Gott, und die konkrete Kirche schien ihm in dabei kaum Halt und Hilfe zu bieten, nicht mehr zur Rechtfertigung des Sünders vor Gott beizutragen. Dieses existentielle Problem hatte Konsequenzen auch für die Ekklesiologie, insbesondere in der Frage der Binde- und Lösegewalt des Papstes, des Lehramts, des Verhältnisses von Papst und Konzil, von Schrift und kirchlicher Überlieferung. Nach Luther „weiß gottlob ein Kind von sieben Jahren, was die Kirche sei"[12]. Seither haben viele Theologen geäußert, sie wünschten, dieses Kind zu sein. Denn so eindeutig ist seit der Reformation und infolge gegenseitig sich ausschließender Ansprüche nicht mehr, was die Kirche ist.

Von ekklesiologischer Bedeutung wurden die reformatorische Betonung des allgemeinen Priestertums, die Identifizierung von Bischofsamt und Pfarramt, die Frage nach der Messe als Opfer. Das Wort „Kirche" liebte Luther nicht, er sprach lieber von der *einen christlichen Gemeine* bzw. *Gemeinde* oder *Sammlung*, von der *einen heiligen Christenheit*.

Diese wird nicht durch menschliches Wollen und Planen, durch amtliche Strukturen und Organisationsformen aufgerichtet, sondern allein durch das Wort Gottes und das Sakrament. Nach dem Augsburger Bekenntnis ist es „genug zu wahrer Einigkeit der christlichen Kirchen, daß da einträchtiglich nach reinem Verstand das Evangelium gepredigt und die Sakramente dem göttlichen Wort gemäß gereicht werden"[13]. Institutionelle Formen der Kirche sind Wort und Sakrament untergeordnet. Die Strukturen der Kirche müssen diesen dienen, das ist hinreichend für ihre rechte Gestalt und Form. Darum ist die wahre Kirche verborgen, die Heiligen sind unbekannt. Kirche ist nicht allein unter dem Papst oder auf sonst eine konfessionelle Struktur begrenzt, „sondern in aller Welt", dass also die Christenheit leiblich zerstreut ist, aber geistlich durch das eine Evangelium versammelt ist. Mit dieser Hinwendung zu einem mehr spiritualisierten Kirchenbegriff verloren die kirchlichen Strukturen und Ämter an Bedeutung; sie wurden weniger wichtig und standen nicht mehr im Zentrum der Ekklesiologie. Dabei gilt jedenfalls für Luther und das Augsburger Bekenntnis, dass sie damit nicht der Beliebigkeit oder der bloßen Zweckmäßigkeit anheim gegeben oder gar für irrelevant erklärt worden wären. Zwar wird Kirche allein durch rechte Wortverkündigung und eine der Einsetzung entsprechende Sakramentenverwaltung, also nicht durch das Amt konstituiert, aber andererseits steht das Amt so sehr im Dienst von Wort und Sakrament, dass es um ihretwillen unverzichtbar und für die wahre Kirche konstitutiv ist. Doch die Bedeutung von Amt und Strukturen und insgesamt die Sichtbarkeit von Kirche sind zum Problem geworden.

Auf die Anfragen der Reformation antwortete das *Konzil von Trient*. Dabei vermochte das Konzil nicht, eine in sich stehende und umfassende Ekklesiologie vorzutragen. Die theologischen Vorstellungen waren auch im Bereich der „Altgläubigen", wie jene genannt wurden, die sich den Forderungen der Reformatoren widersetzten, noch weithin

Sebald Beham, Der Schafstall Christi (Kupferstich 1524). Christus erscheint als Tür zum Schafstall, die einfachen Leute finden durch ihn Eingang, während die Priester, Mönche und Nonnen über das Dach eindringen wollen und sich als „Diebe und Räuber" erweisen (Joh 10,1).

ungeklärt und entzogen sich darum einer konziliaren Definition. So hat sich Trient letztendlich damit beschieden, nur noch angesichts der Anfragen der Reformation einige Aspekte des kirchlichen Amts festzuschreiben, nämlich Ordination, Priestertum und deren Sakramentalität, den Unterschied von Priester und Laien, die Vollmacht des Priesters zu Wortverkündigung und Sakramentenspendung, die Ordnung der Hierarchie im dreigegliederten Amt. Was nicht kontrovers war, wurde in Trient bewusst nicht angesprochen, und zwar nicht, weil man es nicht festhalten wollte, sondern weil keine Notwendigkeit zu einer konziliaren Definition bestand. In der nachreformatorischen Rezeption des Konzils von Trient wurde diese durch die Fragestellung bedingte Perspektivität allerdings weithin vergessen und aus den Konzilsaussagen von Trient wurde nun die als umfassend erachtete katholische Lehre abgeleitet. Die Zurückweisung reformatorischer Anliegen wurde zum Ausgangspunkt für das katholische Verständnis der Kirche.

Auf evangelischer Seite wurden die Reformatoren in der Folgezeit nicht selten im Sinn eines neuzeitlichen Individualismus und Subjektivismus interpretiert, die die Kirche in der Tendenz als der Freiheit eines Christenmenschen widerstreitend erachteten. Von den Reformatoren schien insbesondere das von Interesse, was sie von der katholischen Tradition unterschied; was sie mit dieser gemeinsam hatten, wurde eher als der noch nicht ganz abgeworfene und überwundene Rest angesehen, den es nun ebenfalls auszumerzen gelte. Hier war die Differenz zu Rom entscheidend für das reformatorische Selbstverständnis.

Neuzeitliche Entwicklungslinien

Geprägt von dieser beidseitigen Kontrovershaltung entwickelte sich in den Jahrhunderten nach der Reformation die Ekklesiologie als eigenständiger Themenkreis innerhalb der systematischen Theologie. Sie war vorwiegend von apologetischen Bedürfnissen geprägt und betonte insbesondere die Unterscheidungslehren. „Was nur ein polemisches Kapitel über Kontroverspunkte war", fungierte nun als Traktat „*De Ecclesia*"[14], als Lehre „Über die Kirche". Die Grenze zum Anderen diente dazu, den eigenen Standpunkt zu umreißen, die Differenz zur anderen Konfession wurde zum „Wesen des Katholizismus", bzw. zum „protestantischen Grundentscheid" hochstilisiert. Dabei setzte sich im katholischen Bereich die Tendenz durch, die Kirche fast ausschließlich als sichtbare, institutionell fest umrissene Größe zu verstehen. Der Gedanke der Kirche als Mysterium, als vom Geist getragene Wirklichkeit, der die frühe Christenheit geprägt hatte, trat mehr und mehr zurück und wich einer weitgehenden Identifizierung der Kirche mit der Hierarchie. Insbesondere in der Neuscholastik des 19. Jahrhunderts wurde die Kirche als fest gefügtes Bollwerk, als Burg verstanden, deren Mauern verstärkt werden müssen, damit der von allen Seiten anstürmende Feind in der Gestalt des Zeitgeistes sie nicht überwältigen könne. Die Kirche sah sich als belagerte Festung, deren Insassen sich vor allem eng um den Papst mit seiner Autorität zu scharen hatten, um diesen Angriffen Widerstand leisten zu können. Breite Strömungen in der evangelischen Theologie des 19. Jahrhunderts dagegen konzentrieren sich insbesondere auf das religiöse Subjekt und seine Glaubenserfahrungen. Christlicher Glaube erschien hier allein als das Verhältnis des Einzelnen zu seinem Gott. Kirche kann, so verstanden, den Glaubensprozess gegebenenfalls pädagogisch anstoßen, aber sie geht nicht mehr selbst in die Gottesbeziehung mit ein, sie bleibt eher im Vorhof des Glaubens. Gegebenenfalls erschien sie sogar als Hindernis für jede persönliche Gottesbeziehung oder, wenn sie sich als konstitutiv für rechten Glauben erklärte, als Abfall von der christlichen Botschaft.

Sicher gab es in beiden Kirchen Strömungen, die sich um eine aktive und offene Begegnung mit der geistigen Welt der

Neuzeit bemühten und deren Errungenschaften fruchtbar machen wollten, um die christliche Botschaft in ihrer Zeit neu aussagen zu können. Katholischerseits ist dabei vor allem auf die Tübinger Schule zu verweisen. In diesem Kontext wurde etwa von Johann Adam Möhler Kirche in Anlehnung an den in der Romantik verbreiteten Gedanken vom Volksgeist als vom Heiligen Geist getragener Organismus verstanden, in dem Christus in der Welt und der Geschichte gegenwärtig bleibt. Kirche ist fortwährende Inkarnation des Logos in der Geschichte, fortlebender Christus. Durch ihn und in ihr wird die apostolische Botschaft in lebendiger Tradition weiter getragen und wächst ungebrochen weiter, indem sie jeweils neu verkündet wird. In diesem lebendigen Organismus bilden alle Gläubigen eine Einheit, sie werden durch den Geist zu einem lebendigen Ganzen zusammengefügt. Auch die Laien hatten in dieser Konzeption von Kirche ihren unveräußerlichen Ort und wurden nicht allein von der Hierarchie her betrachtet. Für ihre Wertschätzung und die eigenständige Bedeutung, die ihnen zuerkannt wurde, steht in diesem Jahrhundert in erster Linie der spätere englische Kardinal John Henry Newman.

Durchgesetzt aber hat sich im römischen Katholizismus die Tendenz zu einer immer stärkeren Betonung und Hervorhebung der institutionellen, rechtlichen Seite der Kirche und die Konzentration allein auf den Papst und seine Vollmacht. Kirche war als Gesellschaft (*societas*) von Ungleichen verstanden; die Laien waren auf die Funktion des Hörens und Gehorchens festgelegt. Diese Konzeption fand ihren Höhepunkt im Ersten Vatikanischen Konzil (1869/1870) mit seinen Dogmen vom Universalprimat und der Unfehlbarkeit des Papstes. Damit schien eine Entwicklungslinie zu ihrem Abschluss gekommen, die die Geschichte der westlichen Kirche über eineinhalb Jahrtausende hinweg bestimmt hatte. Nun schien alle Macht allein beim Papst zu liegen; die Bischöfe wurden in extremen Deutungen dieser Ekklesiologie fast nur noch als päpstliche Delegaten verstanden, abhängig einzig und allein von der Gnade des universalen, ja fast einzigen Bischofs des Erdkreises. Die Weltkirche erschien als eine einzige Diözese, die Bistümer als Pfarreien der weltweiten römischen Stadtkirche. Als Gegenbewegung zu diesem vereinseitigten und letztlich auch vom Ersten Vatikanum nicht gedeckten Modell von Kirche entstand die Altkatholische Kirche. Die Gräben zwischen der römisch-katholischen Kirche und allen anderen christlichen Kirchen waren scheinbar unüberbrückbar geworden. Die innerkatholischen Kontroversen um den Modernismus waren die Konsequenz dieses Kirchenbildes.

Sicher gab es auch in der ersten Hälfte des 20. Jahrhunderts Ansätze, die sich in Kritik zu diesem Kirchenbild entwickelten. Weiterreichende Bedeutung entfalteten vor allem die Katholische Jugendbewegung und die Liturgische Bewegung, die beide mit dem Namen Romano Guardini verbunden sind. Doch kirchenamtliche Äußerungen, die im Rückgriff auf die Alte Christenheit und ihre geistlich-spirituelle Sicht die Kirche wieder verstärkt als theologische Wirklichkeit sehen und die rechtlich-institutionelle Konzeption vertiefen wollten, wie etwa die Enzyklika *„Mystici corporis"* (1943) Papst Pius' XII., führten nur zu einer erneuten Verfestigung von Ämtern und Strukturen, insbesondere des päpstlichen Primats. Kirche als geistliche Wirklichkeit war folglich mit der römisch-katholischen Kirche gleichgesetzt. Außerhalb ihrer Grenzen schien es nur noch abgefallene Glieder zu geben, Häretiker und Schismatiker.

5. Kirche im Zweiten Vatikanischen Konzil

Das Zweite Vatikanische Konzil (1962–1965) war das erste Konzil, in dem die Kirche in hoher Verbindlichkeit sich selbst zum Gegenstand der Reflexion machte. Sowohl das Konzil von Trient als auch das Erste Vatikanum hatten keine geschlossene Ekklesiologie formulieren können. Das Erste Vatikanum wurde 1870 nach der Definition der Papstdogmen wegen des Ausbruchs des deutsch-französischen Krieges und dem Untergang des Kirchenstaates abgebrochen. Dies führte in der Folgezeit nicht selten dazu, dass die Aussagen über den Papst isoliert wurden, die katholische Kirche in einseitiger Weise als Papstkirche verstanden und ihre Einheit, Heiligkeit, Katholizität und Apostolizität deswegen als gewährleistet angesehen wurden, weil sie vom Papst unfehlbar und mit uneingeschränkter Vollmacht geleitet wird. Vor allem die Bischöfe schienen aus der Stellung verdrängt, die ihr Amt in der Alten Kirche prägte. Und so haben Orthodoxie und Altkatholische Kirche über die Kirche des Ersten Vatikanums geurteilt, hier sei das bischöfliche Amt abgeschafft; die Bischöfe könnten nun lediglich noch Delegaten des Papstes sein, keineswegs mehr jene Zeugen des Glaubens, als die sie in der frühen Kirche verstanden worden waren. Und mancher altkatholische Theologe war gar überzeugt, die römische Kirche habe im Ersten Vatikanum den Episkopat abgeschafft und damit ebenfalls den Bruch mit der Urkirche herbeigeführt, den die Kirchen der Reformation im 16. Jahrhundert unseligerweise vollzogen hatten.

Sowohl diese Herausforderung von außen als auch die offensichtliche Unausgewogenheit zwischen päpstlichem und bischöflichem Amt führten dazu, dass das Zweite Vatikanum, fast 100 Jahre nach dem Ersten Vatikanum, nun das

Aufbau der Lehre von der Kirche
vom Ersten Vatikanum bis zum Zweiten Vatikanum

I. Vatikanisches Konzil (1869/70): Erster Entwurf einer Konstitution über die Kirche (nicht verabschiedet)	II. Vatikanisches Konzil (1962/65): Erster Entwurf für eine dogmatische Konstitution über die Kirche (1962)
1. Die Kirche ist Christi geheimnisvoller Leib. 2. Die christliche Religion kann nur in und durch die von Christus gegründete Kirche ausgeübt werden. 4. Die Kirche ist eine sichtbare Gesellschaft. 5. Die sichtbare Einheit der Kirche. 8. Die Unvergänglichkeit der Kirche. 10. Die kirchliche Vollmacht.	1. Das Wesen der streitenden Kirche. 2. Die Glieder der Kirche und die Heilsnotwendigkeit der Kirche. 3. Der Episkopat als höchste Stufe des Weihesakramentes und das Priestertum. 5. Die Stände der evangelischen Vollkommenheit. 6. Die Laien. 7. Das Lehramt der Kirche. 8. Autorität und Gehorsam in der Kirche. 11. Der Ökumenismus Anhang: Jungfrau Maria, Mutter Gottes und Mutter der Menschen

II. Vatikanisches Konzil Zweiter Entwurf für eine dogmatische Konstitution über die Kirche (1963)	II. Vatikanisches Konzil Dogmatische Konstitution über die Kirche „Lumen Gentium" (1965)
1. Das Geheimnis der Kirche. 2. Die hierarchische Verfassung der Kirche und im Besonderen der Episkopat. 3. Das Volk Gottes und insbesondere die Laien. 4. Die Berufung zur Heiligkeit in der Kirche.	1. Das Mysterium der Kirche. 2. Das Volk Gottes. 3. Die hierarchische Verfassung der Kirche, insbesondere das Bischofsamt. 4. Die Laien. 5. Die allgemeine Berufung zur Heiligkeit in der Kirche. 6. Die Ordensleute. 7. Der endzeitliche Charakter der pilgernden Kirche und ihre Einheit mit der himmlischen Kirche. 8. Die selige jungfräuliche Gottesmutter Maria im Geheimnis Christi und der Kirche.

bischöfliche Amt in besonderer Weise betonte und damit, ohne das Papsttum in Frage zu stellen, eine in dieser Hinsicht ausgewogenere Konzeption von Kirche vorstellte. So haben schon die vorbereitenden Kommissionen zum Zweiten Vatikanum einen Entwurf formuliert, der das bischöfliche Amt dem Papstamt zur Seite stellte. Doch darüber hinaus blieb er ganz an den Aussagen des Ersten Vatikanums orientiert und war von der Engführung von Kirche auf Hierarchie bestimmt. Darum hatte dieser Text im Konzil selbst keine Chancen. Die Mehrzahl der Konzilsväter war überzeugt, dass es nicht legitim sei, Kirche vom Amt her zu verstehen, auch nicht vom bischöflichen Amt, sondern dass Kirche nicht allein in institutionellen Dimensionen und Strukturen betrachtet, also von ihrer Wesensbestimmung her in den Blick genommen werden müsste. Darum gelte es, zunächst das zum Ausdruck zu bringen, was allen Gliedern der Kirche gemeinsam ist. Erst dann könne man über Aufgaben, Ämter und Funktionen sprechen, die sich innerhalb der Kirche finden und die für sie notwendig und unverzichtbar sind. Und so wurden dem Kapitel über das Bischofsamt, das die vorbereitenden Kommissionen erstellt hatte, zwei entscheidende Kapitel vorangestellt: die Kirche als Mysterium und die Kirche als Volk Gottes.

Die Kirche als Mysterium

Mit dem Verständnis der Kirche als Mysterium greift das Konzil auf die Tradition der ersten christlichen Jahrhunderte zurück und macht sie fruchtbar. Es wird deutlich, dass die Kirche zunächst nicht eine Institution und eine Hierarchie ist, dass sie nicht funktioniert aufgrund eines detaillierten Kirchenrechts und umfassender Vollmachten des päpstlichen Amtes, sondern dass sie eine geistliche Wirklichkeit ist, gegründet im göttlichen Heilswillen und erwachsen aus der

Kraft der Auferstehung Christi und der Geistsendung. Diese geistlich-spirituelle Sicht von Kirche war durch die immer stärkere Betonung von Institution und Hierarchie mehr und mehr in den Hintergrund getreten. Andererseits hatte die Vorstellung der Tübinger Theologischen Schule des 19. Jahrhunderts, ausgehend vom Leib-Christi-Gedanken die Kirche als fortlebenden und fortwährend in der Geschichte sich erneuernden Christus, als *christus prolongatus* zu verstehen, fast unausweichlich zu einer Überbetonung von Kirche geführt. Eine Unterscheidung von Kirche und Christus war kaum noch möglich. Jede Kritik an der Kirche, auch jede Kritik an offensichtlichen Missständen, erschien in diesem Rahmen als geradezu blasphemisch.

Das Zweite Vatikanum greift ganz bewusst auf die spirituelle Sicht von Kirche zurück, ohne in diese Einseitigkeiten der Leib-Christi-Vorstellung zu verfallen. In geradezu definitorischer Weise beginnt die Kirchenkonstitution:

> Christus ist das Licht der Völker. Darum ist es der dringende Wunsch dieser im heiligen Geist versammelte Synode, alle Menschen durch seine Herrlichkeit, die auf dem Antlitz der Kirche widerscheint, zu erleuchten, indem sie das Evangelium allen Geschöpfen verkündet. Die Kirche ist ja in Christus gleichsam das Sakrament, das heißt Zeichen und Werkzeug für die innigste Vereinigung mit Gott wie für die Einheit der ganzen Menschheit.
>
> (Lumen Gentium 1)

Hier fällt zunächst auf, dass nicht die Kirche als Licht der Völker bezeichnet wird, sondern dass sie das Licht, das Christus allein ist, widerspiegelt. Das altkirchliche Bild von der Kirche als Mond, die ganz abhängig ist vom Lichte Christi als der wahren und einzigen Sonne, wird hier aufgegriffen. Von besonderer Bedeutung ist die Aussage, die Kirche sei „gleichsam Sakrament". Hier wird die Aussage der Sakramentenlehre fruchtbar, wonach Sakramente Zeichen sind, die das bewirken, was sie bezeichnen. Sie verweisen nicht nur auf eine fremde Gnade, sondern sind gleichzeitig auch deren Ursache. Sie sind Symbole, aber nicht nur als distanzierte Wegweiser, sondern als Realsymbole. In der Anwendung auf die Kirche bedeutet das: Eine sichtbare Gruppe von Menschen zeigt an und bewirkt die Einheit mit Gott und die Einheit der Menschheit. Die soziologisch erfassbare, institutionelle, rechtlich umschriebene Kirche ist das äußere Zeichen. Sie hat aber ihren Zweck nicht in sich, sondern sie erscheint als Zeichen und Werkzeug für die Vermittlung des Heils, das Gott den Menschen bereitet hat.

Diese Aussage baut einer unkritischen Identifizierung von Christus und der Kirche vor. Die Kirche ist nicht Christus, sie ist auch nicht das Reich Gottes, sondern, wie es heißt, „Zeichen und Werkzeug". Dies gibt die Möglichkeit, Kirche realistisch zu betrachten und sie doch im Glauben festzuhalten. Ihre dunklen Seiten können unvoreingenommen zur Kenntnis genommen und auch kritisiert werden. Sie ist Wegweiser, der oft verwaschen ist und fast unleserlich erscheint und gegebenenfalls auch als irreführend erfahren werden kann. Und dennoch ist sie in aller Vorläufigkeit wirksames Zeichen für die schon anwesende Liebe Gottes in dieser Welt. Sie ist Realsymbol. Das besagt: Wo die Kirche in ihren wesentlichen Vollzügen, in der Verkündigung des Evangeliums, der gottesdienstlichen Versammlung, der tätigen Bruderliebe lebt, geschieht nicht allein Menschenwerk, sondern dort ist der erhöhte Herr in seinem Geist mitten in seiner Gemeinde gegenwärtig. Menschliche Handlungen werden in aller Gebrochenheit und Armseligkeit zum Zeichen göttlicher Nähe. Gott hat sich endgültig der Kirche zugesagt, er ist in ihrem Tun am Werk. Seine Zusage macht ihre Verkündigung und ihre Zeichenhandlungen zu Ereignissen, in denen seine Kraft dem Menschen unverbrüchlich zuteil wird, trotz aller menschlichen Schwäche und Fehler.

Das Wort von der Kirche als Sakrament versteht Kirche nicht mehr einfachhin als Institution oder identifiziert sie mit der Hierarchie. Insofern ist hier ein Aspekt der reformatorischen Ekklesiologie und ihrer Betonung der Verborgenheit der Kirche aufgegriffen. Dennoch wird in der derzeitigen ökumenischen Diskussion die Aussage von der Kirche als Sakrament von evangelischer Seite in aller Regel zurückgewiesen. Es herrscht die Sorge, auf diesem Weg werde, zweifellos gegen die Intention des Konzils, Kirche in einen Bereich erhoben, in dem es nur noch schweigende und lobpreisende Verehrung geben kann. Die Kirche und ihr Amt würden damit dem rationalen Diskurs und jeder Kritik entzogen. Hier ist zu betonen: Es gilt, die Intentionen, die das Konzil mit dieser Formulierung umrissen hat, festzuhalten und weiterzutragen, derartige Missverständnisse jedoch, die sich mit ihr aber vielleicht fast unvermeidlich verbinden, zu vermeiden. Vielleicht wäre es sogar nötig und möglich, die gemeinte Sache in einer Terminologie auszudrücken, die weniger in der Gefahr steht, Fehldeutungen heraufzubeschwören.

Kirche als Volk Gottes

Zu aller Zeit und in jedem Volk ruht Gottes Wohlgefallen auf jedem, der ihn fürchtet und gerecht handelt (vgl. Apg 10,35). Gott hat es aber gefallen, die Menschen nicht einzeln, unabhängig von aller wechselseitigen Verbindung, zu heiligen und zu retten, sondern sie zu einem Volke zu machen, das ihn in Wahrheit anerkennen und ihm in Heiligkeit dienen soll. So hat er sich das Volk Israel zum Eigenvolk erwählt und hat mit ihm einen Bund geschlossen und es Stufe für Stufe unterwiesen. Dies tat er, indem er sich und seinen Heilsratschluß in dessen Geschichte offenbarte und sich dieses Volk heiligte. Dies alles aber

> wurde zur Vorbereitung und zum Vorausbild jenes neuen und vollkommenen Bundes, der in Christus geschlossen, und der volleren Offenbarung, die durch das Wort Gottes selbst in seiner Fleischwerdung übermittelt werden sollte.
>
> (Lumen Gentium 9)

In der ersten Hälfte des 20. Jahrhunderts wurde die Kirche fast ausschließlich als Leib Christi verstanden. Mit hohem Verbindlichkeitsgrad geschah dies in der Enzyklika *„Mystici Corporis"* aus dem Jahr 1943. Hier wurden die geistliche Dimension und die institutionelle Gestalt der Kirche eng zusammen gesehen. In der Folgezeit wurde aber deutlich, dass diese Kirchenkonzeption wenig geeignet war, der Tatsache der Sünde in der Kirche gerecht zu werden und eine geschichtliche Entwicklung der Kirche und ihrer Lehre auszusagen. Zudem stand sie in der Gefahr, die Unterschiede zwischen den verschiedenen Ständen in der Kirche überzubetonen und die fundamentale Gleichheit aller Christen zu verdecken. Gerade diese Aspekte waren dem Zweiten Vatikanum wichtig. Sie ließen sich am besten durch das Konzept der Kirche als Volk Gottes aussagen, das im Konzil die überkommene Sicht von der Kirche als Leib Christi weithin abgelöst hat. Dabei sind mehrere Aspekte festzuhalten.

Das Verständnis der Kirche als Leib Christi tendierte dazu, Unveränderlichkeit und Überzeitlichkeit der Kirche und ihrer Lehre zu betonen. Veränderung würde ja Verbesserung oder Verschlechterung bedeuten, und beides schien mit Kirche in dieser Sicht unvereinbar. Die Kirche als der Fels in der Brandung sollte vor jeder Veränderung geschützt bleiben. Das II. Vatikanum war ein Reformkonzil, und dafür eignete sich gerade der Begriff „Volk Gottes" vorzüglich. Kirche wurde als pilgerndes Gottesvolk verstanden. Sie „schreitet zwischen den Verfolgungen der Welt und den Tröstungen Gottes auf dem Pilgerweg dahin" (LG 8). Auf diesem Pilgerweg ist sie immer auch von der Sünde und vom

Abfall von ihrem Herrn bedroht. Sicher ist sie die Gemeinschaft der Heiligen, aber eben auch der Sünder und sie bittet um Vergebung. Unablässig ist sie der Reform bedürftig. Das Volk Israel ist ihr Vorbild, ja noch mehr: Sie ist in das Volk Gottes mit aufgenommen; und der Zug durch die Wüste, wo das Heiligtum ein Zelt ist, wo Gott keinen festen Ort hat, sondern mit den seinen mitgeht, wird zum sprechenden Bild von Kirche. Gott offenbart sich in der Geschichte. Kirche als Volk Gottes ist in dieser Geschichte unterwegs. Sie hat keinen bleibenden Ort und ist stets der Reform bedürftig; sie ist, wie es wörtlich heißt, „ecclesia semper reformanda".

Das Volk Gottes umfasst dabei Israel und die Kirche; Kirche gründet im Volk Gottes des Alten Bundes. Israel ist auch nach Christus Volk Gottes, es ist nicht aus der Verheißung entlassen. Darum weist das Konzil jeden Antisemitismus zurück, wie er sich nicht selten auch in christlicher Gestalt entwickelt hat. Das Konzilsdekret über das Verhältnis der Kirche zu den nicht-christlichen Religionen mit den Eingangsworten *Nostra aetate*, das im Kern ein Dekret über das Verhältnis zum Judentum ist, macht dies deutlich und führt gleichzeitig eine Selbstbesinnung und Gewissenserforschung durch.

In besonderer Weise hat sich der „Volk Gottes" bewährt, um die Gemeinschaft aller in der Kirche und ihre fundamentale Gleichheit vor Gott zum Ausdruck zu bringen. Das Wort vom Leib Christi war in der neueren Theologie oft so verwendet worden, dass der Unterschied zwischen den einzelnen Gliedern, insbesondere der Unterschied von Laien und Klerikern hervorgehoben wurde. Volk Gottes zeigt Kirche als vielgestaltige Gemeinschaft, als *communio*, als *koinonia*. Das Wort *communio* ist eines der Leitmotive des Zweiten Vatikanums. Kirche wird verstanden als Gemeinschaft, die in der Gemeinschaft gründet, die Gott selbst ist. Gott ist in christlicher Überzeugung nicht in starrer Einheitlichkeit und Unbeweglichkeit zu verstehen, sondern als trinitarisches Leben. Er ist durch Vielheit, Beziehung,

Dialog geprägt, er ist selbst Gemeinschaft. An diesem Gottesverständnis orientiert sich das Bild der Kirche als *communio*. Sie ist „das von der Einheit des Vaters und des Sohnes und des Heiligen Geistes her geeinte Volk" (LG 4).

Dieser Gedanke der Gemeinschaft prägt das Konzil in vielfältiger Hinsicht. Dies gilt zunächst einmal für das Verhältnis von Ortskirche und Weltkirche. Nach dem Ersten Vatikanum hatten manche Theologen gemeint, nun habe das Konzil keine Funktion mehr, der Papst habe alle Vollmacht in der Kirche; jetzt könnten allein noch päpstliche Anordnungen gehorsam angenommen und ausgeführt werden. Kirche erschien allein noch als Weltkirche, die Diözesen als ihre Verwaltungseinheiten und Unterabteilungen. Demgegenüber hat das Zweite Vatikanum die Bedeutung der Ortskirche neu hervorgehoben. Schon dass das Konzil überhaupt stattgefunden hat, dass die Bischöfe um rechte Glaubensaussage und Gestalt der Kirche gerungen haben, hat einen einseitigen Papalismus widerlegt. Schon das Konzil als Ereignis war eine Korrektur an einem zentralistischen und manchmal gar absolutistischen Kirchenverständnis.

Dies wird in den Aussagen des Konzils weiterhin verdeutlicht. Kirche ist verwirklicht in den Ortskirchen. Die Universalkirche realisiert sich in der Gemeinschaft der Ortskirchen untereinander. Und in den Ortskirchen erfolgt jeweils die Inkulturation des Christentums in einer jeweils bestimmten Gestalt als Antwort auf konkrete Herausforderungen. Unterschiede zwischen den Ortskirchen und auch Differenzen zur Ortskirche von Rom sind damit durchaus legitim. In diesem Zusammenhang betont das Konzil das Amt des Bischofs. Es wird in Übereinstimmung mit der frühen Christenheit als das zentrale Amt in der Kirche dargestellt. Das Konzil macht deutlich, dass die Bischöfe nicht Delegierte des Papstes sind, sondern Zeugen des Glaubens ihrer jeweiligen Ortskirchen. Für ihren Dienst ist ihre Gemeinschaft mit dem Bischof von Rom unentbehrlich, doch dieser steht *im* Konzil; er ist für das Konzil konstitutiv, aber er ist nicht der Gemeinschaft der Bischöfe enthoben und entzogen. Der die Geschichte der Kirche begleitende Konflikt zwischen Konzil und Papst, Konziliaristen und Papalisten, die jeweils die Herrschaft des einen über den anderen forderten, wird im Konzil durch die Betonung der *communio*, der Gemeinschaft und der gegenseitigen Verpflichtung beider überbrückt. Dass die Umsetzung dieses Prinzip in die kirchliche Praxis und Rechtordnung Schwierigkeiten bereitet, ist in diesem Begriff selbst begründet.

Das Wort von der Kirche als Gemeinschaft bestimmt im Zweiten Vatikanum und in manchen nachkonziliaren Dekreten das Verhältnis von bischöflichem Lehramt und Theologen. Es ist nicht anders zu denken als dialogisch. Theologie und kirchliches Lehramt sind voneinander unterschieden, beide haben unterschiedliche Aufgaben, und dennoch sind sie aufeinander angewiesen, weil beide für die Kirche unverzichtbar sind. *Communio* soll herrschen zwischen Priestern und Laien, zwischen Frauen und Männern. Besondere Betonung findet in den Konzilstexten die Forderung der Gemeinschaft mit den Armen, den Notleidenden, den Unterdrückten. Diese Gemeinschaft erfordert das Teilen, die Partizipation. In dieser Sicht steht nicht mehr Europa im Zentrum und ist nicht mehr allein missionarisch weltweit tätig. Vielmehr sind die Kirchen in einem gegenseitigen Austausch, wobei gerade die materiell armen Kirchen nicht selten die geistig und geistlich anregenden und fruchtbaren sind. Diese Anregungen zu Austausch und Partizipation wurden vor allem in Südamerika in der dort entstandenen Theologie der Befreiung aufgegriffen und haben reiche Frucht getragen.

Eine besondere Bedeutung hat die Konzeption von der Kirche als Volk Gottes für den ökumenischen Gedanken entfaltet. Dieses Modell machte es möglich, eine unterschiedliche, gegebenenfalls auch eine gestufte Zugehörigkeit zur Kirche festzuhalten, andererseits musste die römisch-katholische Kirche nicht mehr einfachhin und schlechterdings mit der Kirche Jesu Christi identifiziert werden. Das Konzil hält lediglich daran fest, dass in der römisch-katholischen Kirche die Kirche Jesu Christi verwirklicht ist (*subsistit in*: LG 8). Diesen Anspruch wird jede kirchliche Gemeinschaft erheben müssen, wenn sie sich nicht selbst für illegitim erklärt. Andererseits ist damit nicht mehr notwendig eine Exklusivität verbunden, die bis zum Zweiten Vatikanum für die katholische Kirche weithin selbstverständlich war. Zumindest die Orthodoxen Kirchen werden als Kirchen gewürdigt, obwohl sie nicht in Gemeinschaft mit dem Papst stehen. In der Frage, in wieweit die reformatorischen Konfessionen vom Zweiten Vatikanum als Kirchen im Vollsinn des Wortes bezeichnet und anerkannt werden, wird derzeit kontrovers diskutiert. Jedenfalls ist deutlich, dass die ökumenische Verpflichtung eines der durchgängigen Motive des Zweiten Vatikanischen Konzils war. Auf diesem Feld konnten erhebliche Fortschritte gemacht werden, allerdings sind auch Enttäuschungen nicht ausgeblieben.

Die Kirche in der Welt von heute

Freude und Hoffnung, Trauer und Angst der Menschen von heute, besonders der Armen und Bedrängten aller Art, sind auch Freude und Hoffnung, Trauer und Angst der Jünger Christi. Und es gibt nichts wahrhaft Menschliches, das nicht in ihren Herzen seinen Widerhall fände. Ist doch ihre eigene Gemeinschaft aus Menschen gebildet, die, in Christus geeint, vom Heiligen Geist auf ihrer Pilgerschaft zum Reich des Vaters geleitet werden und eine Heilsbotschaft empfangen haben, die allen auszurichten ist. Darum erfährt diese Gemeinschaft sich mit der Menschheit und ihrer Geschichte wirklich engstens verbunden ... Daher wendet sich das Zweite Vatikanische

Konzil nach einer tieferen Klärung des Geheimnisses der Kirche ohne Zaudern nicht mehr bloß an die Kinder der Kirche und an alle, die Christi Namen anrufen, sondern an alle Menschen schlechthin in der Absicht, allen darzulegen, wie es Gegenwart und Wirken der Kirche in der Welt von heute versteht. Vor seinen Augen steht also die Welt der Menschen, das heißt die ganze Menschheitsfamilie mit der Gesamtheit der Wirklichkeiten, in denen sie lebt; die Welt, die nach dem Glauben der Christen durch die Liebe des Schöpfers begründet ist und erhalten wird; die unter die Knechtschaft der Sünde geraten, von Christus aber, dem Gekreuzigten und Auferstandenen, durch Brechung der Herrschaft des Bösen befreit wurde; bestimmt, umgestaltet zu werden nach Gottes Heilsratschluß und zur Vollendung zu kommen.

(Pastoralkonstitution Gaudium et Spes 1 und 2)

Das Zweite Vatikanum war ein Reformkonzil. Es war das erste Konzil in der Geschichte der Kirche, das kein Dogma verkündet, niemanden verurteilt und keine Lehrmeinungen als mit dem Glauben der Kirche unvereinbar zurückgewiesen hat. Es ging vielmehr um die Erneuerung der Kirche und ihres Lebens. Die Umsetzung der theologischen Selbstbesinnung, wie sie vorwiegend in der Kirchenkonstitution erfolgte, hinein in die Praxis der Kirche und ihre Aufgabe in der Welt geschah schwerpunktmäßig in der Pastoralkonstitution „Die Kirche in der Welt von heute" (*Gaudium et Spes*). Sie ist das weitaus umfangreichste Dokument des Konzils. Dieses hat hier sehr spontan gesprochen. Die Konzilsväter haben sich in besonderem Maße von allen Vorarbeiten gelöst und gleichsam eine Momentaufnahme über die Aufgabenstellung vorgelegt, die die Kirche in der Welt erfüllen kann, und wie andererseits die Herausforderungen von Zeit und Welt die Kirche tangieren.

Anlass für diesen Text war zunächst die Überraschung der Konzilsväter, dass die nicht-christliche, die säkulare Welt in einem ganz unerwarteten Ausmaß Interesse zeigte am Konzil und seiner Arbeit. Papst Johannes XXIII. hatte eine Vorleistung erbracht und die Kirche auf die Welt hin geöffnet. Die Welt war nicht nur neugierig auf das, was im Vatikan unter merkwürdigen Zeichen und Worten vor sich ging, sondern sie fühlte sich angesprochen, als sie erkannte, dass hier nicht aus dem Besitz überzeitlicher, aber fremder Wahrheit über sie geurteilt wurde, sondern dass die Kirchenversammlung sich mühte, ehrlich und bescheiden einen Beitrag zu leisten zu den Lebens- und Überlebensfragen der Menschheit heute. Man hat dem Text manchmal vorgeworfen, er sei unausgereift. Aber vielleicht macht gerade das seine Chance und seinen Wert aus. Er wollte eben nicht nur unangreifbare ewige Wahrheiten darstellen, sondern auf die konkreten Fragen eingehen, die sich stellten, und er antwortete darauf so, wie die Kirche glaubte, auf sie reagieren zu können. Sicher würde vierzig Jahre nach Konzilsende manche Frage anders lauten und auch manche Antwort würde heute anders aussehen. Das damalige „Heute" war keine überzeitliche Gegenwart. Verbindlich sind damit nicht primär die Einzelaussagen, sondern die Art und Weise, wie hier die Relation von Frage und Antwort aus der christlichen Botschaft praktiziert wurde. Vielleicht war manche Aussage der Konstitution noch sehr vom Fortschrittsoptimismus im Jahrzehnt der beginnenden Weltraumfahrt beherrscht, der bald zusammengebrochen ist. Andererseits hat das Konzil die Armutsforderung Jesu und der mittelalterlichen Reformbewegungen neu gehört und sich insbesondere an die Armen, die Ausgebeuteten und Unterdrückten gewandt. Die Armen werden den Gläubigen zur christlichen Fürsorge empfohlen, noch mehr: „Der Geist der Armut und Liebe ist Ruhm und Zeugnis der Kirche Christi" (GS 88). Diese Gedanken sind vor allem in Südamerika auf fruchtbaren Boden gefallen und haben dort Anlass zur Entwicklung der „Theologie der Befreiung" gegeben. Der Kirche wurde geglaubt, dass sie, gemeinsam mit vielen anderen Weltdeutungen und Bewegungen, um Lösungen in den großen Herausforderungen der Menschheit ringt, und die Welt hat sie als Partner und als Hoffnungsträger anerkannt und angenommen.

Das Konzil hat nicht definiert, was die „Welt" ist, die es angesprochen hat. Man wandte sich an alle, die bereit waren, das Wort der Kirche zu hören und es als Beitrag ernst zu nehmen. Und das sind nach Aussagen der Pastoralkonstitution nicht nur Katholiken, sondern alle Menschen guten Willens, gerade auch die Nicht-Gläubigen und Atheisten. Das Konzil bot allen einen offenen Dialog an, der dazu helfen sollte, die Welt schöner und lebenswerter zu machen. Der Begriff *Dialog* ist ein Hauptwort des Konzils, insbesondere der Pastoralkonstitution. Verschiedentlich wurde sogar bemerkt, dass sich das Angebot zu einem ehrlichen Dialog und zur Bereitschaft, voneinander zu lernen, besonders intensiv an die Gruppen gerichtet hat, die der Kirche von ihrem Ansatz her eher fremd gegenüberstehen. Die Ungläubigen werden deutlicher als Dialogpartner angesprochen als die Gläubigen anderer Religionen, der verschiedenen christlichen Konfessionen oder gar die Katholiken.

In diesem Angebot zum Dialog versucht das Dokument die gemeinsame Basis zu umreißen, auf der das Gespräch aufbauen kann, und es wird die Bereitschaft zum gegenseitigem Hören und Lernen im Eingeständnis eigener Fehler und Unkenntnis bekundet. Die Pastoralkonstitution klärt nicht alle Fragen und gibt nicht unverrückbare und immer gültige Antworten. Aber sie bemüht sich einen Beitrag zu leisten, damit Menschen unterschiedlicher Überzeugung und Herkunft zusammenwirken können, um die Welt besser und menschlicher zu gestalten. Und sie zeigt, dass die christliche Botschaft in diesem Dialog etwas einbringen kann, dessen die Welt bedarf. Die Welt hat es dem Konzil gedankt, dass sie nicht verurteilt, sondern als Partner ernst genommen wurde. Die Erwartungen an die Kirche waren beim Abschluss des Konzils hoch gesteckt.

In der nachkonziliaren Diskussion um das rechte Verständnis von Kirche und ihre angemessene Gestalt berufen sich fast alle Gruppierungen und ihre Sprecher auf Aussagen des Konzils. Dies ist deswegen möglich, weil im Konzil selbst unterschiedliche Visionen von Kirche zusammenkommen und oft kaum ausgeglichen nebeneinander stehen. So findet man im Zweiten Vatikanum Aussagen über die Autorität und Vollmacht des Papstes, die sogar über das Erste Vatikanum hinausgehen. Sie sind kaum in Übereinstimmung mit Formulierungen, die die Kollegialität der Bischöfe und ihre gemeinsame Verantwortung in der Kirche als Ganzer betonen. So scheint es, dass eine „vorkonziliare" Ekklesiologie ebenso mit Konzilstexten belegt werden kann, wie die Aufbruchstimmung, die das Zweite Vatikanum prägte. Heute gibt es Gruppen in der Kirche, die das Zweite Vatikanum vor allem in seiner Übereinstimmung mit dem Ersten Vatikanum und dem Konzil von Trient sehen. Andere heben vor allem das hervor, was es über diese früheren Konzilien hinaus gebracht und formuliert hat. Nur diese Differenzen haben nach dieser Überzeugung gerechtfertigt, nach Trient und dem Ersten Vatikanum nun auch noch ein Zweites Vatikanum zu halten. Dadurch, dass im Konzil beide Grundmodelle von Kirche oft unvermittelt nebeneinander gestellt sind, waren in diesen Texten die Konflikte bereits vorprogrammiert, die die Jahre seit dem Zweiten Vatikanum prägen und die zu einem guten Teil die heutige Erfahrung von Kirche bestimmen.

6. Die Ämter und Stände der Kirche

Der Laie und das Gottesvolk

Der Begriff „Laie" leitet sich vom griechischen Wort *laós* ab, und dieses bedeutet „Volk"[15]. Laie ist nach biblischem Verständnis also, wer zum Volk gehört. Dabei hat das Wort *laós* einen höchst positiven Bedeutungsgehalt: Es bezeichnet an allen theologisch wichtigen Stellen nicht die einfachen Leute oder gar die primitiven oder unterdrückten Volksmassen im Gegensatz zu den Führern, sondern das auserwählte Volk, das Volk Gottes im Gegensatz zu den Heiden, den „Nationen". Es gibt im Alten Testament nur ein Volk, einen *laós*, neben ihm stehen die *éthne*, die heidnischen Nationen. Israel ist das Volk schlechthin.

Auch im Neuen Testament werden die Gott zugehörigen Menschen, jene, die an Christus glauben, als *laós* bezeichnet. Nun erscheint die christliche Kirche als Volk Gottes. Gott selbst hat sich „aus den Heiden ein Volk" bereitet (Apg 15,14). Und Paulus schreibt: „Ich werde als mein Volk berufen, was nicht mein Volk war, und als Geliebte jene, die nicht geliebt war. Und dort, wo ihnen gesagt wurde: Ihr seid ‚Nicht-mein-Volk', dort werden sie Söhne des lebendigen Gottes genannt werden" (Röm 9,25f). *Laós* ist nun nicht mehr einfachhin das Volk Israel, zu dem man durch Abstammung gehört, sondern die christliche Gemeinde, der man beitritt. In diesem theologisch gefüllten Sinn betrachtet ist *laós* der höchste Ehrentitel, der einem Christen gegeben werden kann. Man ist Laie, wenn man zum Volk Gottes gehört, wenn man an Christus glaubt und von ihm berufen ist. Insofern sind alle, selbstverständlich auch die Amtsträger, „Laien". Der Begriff „Laie" unterscheidet die Gläubigen von den Ungläubigen, das Volk vom Nicht-Volk, die

Christen von den Nicht-Christen. Er bezeichnet aber nicht unterschiedliche Stände innerhalb der Kirche.

Nun leitet sich aber unser Begriff „Laie" nicht direkt von *laós* her, sondern von dem griechischen Adjektiv *laikós*, „zum Volk gehörig". Dieser Begriff umschließt Dinge und Personen, die keinen Bezug zum Gottesdienst haben. Er bezieht sich immer auf Einzelne, während *laós* das Volk Israel als Ganzes bezeichnet. *Laikós* sind die Glieder der Landbevölkerung im Gegensatz zu den führenden Kreisen in der Stadt. Dieser Begriff *laikós*, aus dem sich unser Wort „Laie" entwickelt hat, findet im Neuen Testament keine Verwendung. So etwas wie eine innerkirchliche Differenz zwischen einer führenden Schicht, die für den Gottesdienst zuständig ist, und der breiten Masse des einfachen Volkes, die dazu keinen Zugang hat, ist mit dem Bild der Kirche, wie es das Neues Testament zeigt, nicht vereinbar. Hier gilt vielmehr, dass alle, die den Willen Gottes erfüllen, „Brüder und Schwestern" sind (Mk 3,31–35).

Innerhalb dieser Gemeinschaft der Brüder und Schwestern haben einige besondere Aufgaben, bestimmte Charismen und Ämter. Von diesen besonderen Aufgaben werden manche auf Zeit ausgeübt, manche auf Dauer, manche spontan, manche durch eine besondere Bevollmächtigung. Manche erweisen sich durch charismatische Vollmacht, andere werden wohl auch bereits verliehen und hängen nicht an der persönlichen Eignung des damit Betrauten. Die Bezeichnungen für diese Funktionen sind im Neuen Testament noch fließend. Wir finden vielgestaltige Charismen, die sich gegenseitig stärken und tragen und wohl auch korrigieren. Die Strukturen sind in den neutestamentlichen Gemeinden noch nicht einheitlich entfaltet, und es gab sehr unterschiedliche Entwicklungslinien, nicht nur jene, die auf Amtlichkeit hintendieren. Die Aufgaben der Charismatiker und der Amtsträger sind auf dieser Stufe noch nicht eindeutig voneinander unterschieden. Doch über alle Differenzen hinweg lässt sich feststellen, dass im Neuen Testament diese Funktionen und Ämter eigens benannt werden. Dagegen gibt es keine gemeinsame Bezeichnung für alle jene, die keine derartigen Funktionen ausüben. Es gibt also innerhalb des Volkes Gottes besondere Aufgaben, sie werden in einer noch fließenden Terminologie eigens benannt. Aber die Nicht-Amtsträger bekommen nie eine eigene Bezeichnung. Sie sind *die Glaubenden, die Brüder und Schwestern, das Volk, der laós.* Wenn Jesus seine Jünger als „Brüder" anspricht, dann ist in ihnen das neu konstituierte „Gottesvolk angeredet, das sich in ihnen als ein Volk von Brüdern, als eine neue große Bruderschaft abzeichnet"[16]. Innerhalb dieses Laos gibt es Charismen, Funktionen und Ämter, deren Träger bestimmte Aufgaben zu vollziehen haben. Sie sind um der Brüder und Schwestern willen da, haben ihnen zu dienen; sie werden durch ihre Aufgaben für die Brüder und Schwestern definiert.

Diese Sicht der Kirche als Volk Gottes wurde im Laufe der Kirchengeschichte durch eine Struktur überlagert, in der das Amt immer mehr Vollmachten auf sich vereinigte. Die Gründe dafür waren vielfältig. In der Abwehr gnostischer Tendenzen dienten Amtsstrukturen dazu, die Sichtbarkeit und historische Konkretion der christlichen Kirche zu befestigen und die Verflüchtigung der Botschaft in eine überzeitliche Weisheitslehre abzuwehren. Amtsstrukturen halfen, die überlieferte Botschaft getreu zu bewahren und sie vor der Überlagerung durch angebliche Geheimüberlieferungen zu bewahren, auf die sich manche Gruppierungen beriefen, die sich dann für besonders auserwählt erachteten. Daneben haben aber auch Strukturmodelle der spätantiken Gesellschaftsordnung die Gestaltung der christlichen Gemeinden beeinflusst. Praktiken der römischen Verfassung haben auch die christlichen Ämter geprägt.

Diese Momente führten dazu, dass sich schon in den frühen christlichen Jahrhunderten ein Stand von Amtsträgern innerhalb der christlichen Gemeinden herausbildete, der sich mehr und mehr von den einfachen Gläubigen unterschied und von ihnen absonderte. Kein Geringerer als Kardinal Joseph Ratzinger hat darauf aufmerksam gemacht, dass vom dritten Jahrhundert an in der Kirche das Wort „Bruder" nicht mehr als Anrede für die Christen untereinander verwendet wurde. Als Mitbruder, *Confrater*, titulierten sich seither nur noch die Amtsträger untereinander. Doch dieser Bruderbegriff ist nicht mehr durch die Gemeinschaft des Glaubens begründet, sondern durch das „Motiv der Brüderlichkeit der Fürsten untereinander". Nur noch die (höheren) Amtsträger verstehen sich seither als „Mitbrüder", die niedrigen Kleriker und die Laien erachten sie dagegen als ihre „geistlichen Söhne"[17] und sie werden von diesen als „Väter" angesprochen. Ratzinger urteilte: „Das ist nicht mehr die alte Bruderschaft der Gläubigen, was sich hier zeigt"[18]. Damit bringt nun der Begriff „Volk" nicht mehr die Einheit der Kirche und ihre Differenz zu den Nicht-Glaubenden zum Ausdruck, sondern eine ständische Gliederung innerhalb der christlichen Gemeinde. Der Begriff *laós* nimmt nun eine soziologische Bedeutung an und bezeichnet in diesem Kontext die einfachen Leute, die Nicht-Amtsträger. Die Amtsträger gehören nun nicht mehr zum Volk. Der Klerus als Stand differenziert sich vom *laós*, der zu dem Laien wird.

Doch zunächst war die Differenzierung in Laien und Klerus noch umfangen von der Gemeinschaft innerhalb der Kirche. Für die Alte Kirche war es selbstverständlich, ja es galt als göttliches Gebot, dass niemand zum Bischof bestellt werden konnte, der nicht von den Gemeinden gewählt und von den Bischöfen der Region angenommen und von ihnen ordiniert wurde. Die Gemeinschaft von Bischof und Volk war überaus eng: Die Gemeinde konnte nicht sein ohne ihren Bischof, wie etwa die Ignatiusbriefe zeigen, der Bischof nicht ohne die Zustimmung der Gemeinde. Das Volk, die Laien, trugen noch alle wichtigen Entscheidungen mit, sie waren keineswegs nur gehorsame Empfänger oberhirtlicher Anweisungen. Von Cyprian von Karthago, dem großen

Bischof des 3. Jahrhunderts, wird häufig der Ausspruch zitiert: „Nihil sine episcopo" („Nichts ohne den Bischof"). Nicht selten soll dieser Satz heute belegen, dass Bischof und Hierarchie allein in der Kirche verantwortlich seien, und dass darum nichts ohne sie oder gar gegen sie geschehen dürfe. Aber derselbe Cyprian erklärte seinem Presbyterium gegenüber nicht weniger deutlich: „Nihil sine consilio vestro" („Nichts ohne euren Rat"). Und ebenso klar sagt er zu seiner Gemeinde: „Nihil sine consensu plebis" („Nichts ohne die Zustimmung des Volkes"). Joseph Ratzinger hat dieses Zusammen, wo der Bischof, das Presbyterium und das Volk gemeinsam in der Kirche verantwortlich sind, wo keiner einfachhin überstimmt oder mundtot gemacht werden kann, wo jeder nicht nur gehört wird, sondern wo der Konsens aller die Bedingung für alle wichtigen Entscheidungen ist, als „das klassische Modell kirchlicher ‚Demokratie'" bezeichnet[19]. Die Laien waren zu einem eigenen Stand in der Kirche geworden, aber die Kirche war als Gemeinschaft verstanden, wo noch Communio und Konsens die Entscheidungen bestimmten.

Diese frühmittelalterliche Einheit von weltlichem und geistlichem Regiment, von Klerus und Laien, wurde, wie schon früher erwähnt, im Investiturstreit zerschlagen. Papst Gregor VII. kämpfte mit allen ihm zu Gebote stehenden Mitteln gegen die so genannte Laieninvestitur, also gegen die Praxis, dass die Bischöfe durch den Kaiser bzw. den König eingesetzt wurden. In diesem Kampf gegen althergebrachte Rechte des Königs hat Papst Gregor VII. die Ordnung, auf der die frühmittelalterliche Verfassung von Kirche und Reich beruhte, fundamental in Frage gestellt. Der geistliche Bereich ist, so Gregor VII., als *Ganzer* dem weltlichen überlegen. Als Angehöriger des weltlichen Standes ist der Kaiser Laie und nichts als Laie, und noch der letzte Kleriker steht über ihm. Canossa wurde zum Symbol für den Zusammenbruch der Einheit von geistlicher und weltlicher Vollmacht und für die Entgegensetzung beider Gewalten. Laien im Sinne der hochmittelalterlichen Auseinandersetzungen waren nicht die einfachen Gläubigen, sondern die Fürsten, die Könige, der Kaiser, deren Rechte innerhalb der Kirche beschnitten werden sollten, und die abzusetzen der Papst als sein Recht beanspruchte.

Einen Höhepunkt fand diese Entwicklung bei Papst Bonifaz VIII. und seiner Zwei-Schwerter-Theorie. Um ihr gleichsam die Krone aufzusetzen, stellte Papst Bonifaz VIII. im Jahre 1296 in der Bulle *„Clericis laicos"* feierlich fest: „Daß die Laien den Klerikern bitter feind sind, überliefert das Altertum, und auch die Erfahrungen der Gegenwart geben es deutlich zu erkennen"[20]. Selbst wenn konkrete politische Auseinandersetzungen derartige Formulierungen mitbestimmt haben, so war damit eine Entgegensetzung in gegnerische, wenn nicht gar feindliche Gruppen festgeschrieben. Die Einheit von Gottes *laós* war einer Zwei-Klassen-Gesellschaft gewichen. Die Amtsträger hatten sich zu einem eigenen innerkirchlichen Stand, zur „Amtskirche" zusammengeschlossen und übrig blieben die „Laien" als die Nicht-Priester.

Auf der einen Seite stehen nun die Amtsträger, die rechtmäßig geweiht sind, die ein Leben nach den Regeln der evangelischen Räte in christlicher Vollkommenheit führen oder führen sollen. Daneben gibt es die breite Masse der Laien, die im „Stand der Unvollkommenheit" leben. Die eigentlichen, rechten Christen sind die Kleriker, vor allem die Mönche. Der Stand der Laien kann letztlich nur als Zugeständnis an die menschliche Schwäche akzeptiert werden. Wer sich mit weltlichen Dingen beschäftigt, lässt sich von dem ablenken, was im Grunde allein nötig ist, und er hat keinen Anteil an der Ordnung des Heiligen. Vor allem die Ehe wurde trotz ihrer Bewertung als Sakrament letztlich doch nur in Kauf genommen. Es gibt wohl Entschuldigungsgründe dafür, dass die meisten Getauften in der Welt leben und „nur" Laien sind. Aber das wahre Bild des Christen wird offiziell vom Kleriker bestimmt. Wer ihn betrachtet und sein Leben recht würdigt, dem entgeht nichts, was christliche Existenz bestimmt. Der Kleriker ist der volle Christ, der Laie ist es insoweit, als er mit dem Kleriker übereinstimmt. Was ihn von diesem unterscheidet, begrenzt und verdunkelt auch sein Christsein. Nachdem die Zeit der frühchristlichen Märtyrer zu Ende war, entstammten fast alle Heiligen als Vorbilder des Glaubens dem Klerikerstand: Es sind Ordensgründer, Mönche und Ordensfrauen, Bischöfe oder Päpste. Der Laie scheint, wenn auch nicht prinzipiell, so doch faktisch, kaum noch einen Zugang zur Heiligkeit zu haben. Trotz aller Gegenbewegung etwa in den Orden und in den Armutsbewegungen, wurde die Kirche nun vom Amtsträger her bestimmt. So war es nur konsequent, dass das Wort von der *Amtskirche* geprägt wurde, zu dem das Volk nicht mehr gehörte, und vom Volk Gottes, das sich in der Differenz zur Hierarchie verstand, so sehr dieses Modell auch dem Wesen der Kirche widerspricht.

Die Säkularisierung und die Erfahrung, dass die Priester nicht mehr in der Lage waren, der Gesellschaft in allen ihren Bereichen die christliche Botschaft zu vermitteln, wurde zum Anlass dafür, dass man sich vornehmlich im 19. und im 20. Jahrhundert wieder neu auf den Laien besann. In den Familien, an den Arbeitsplätzen, in der Kultur, der Politik, waren die Priester kaum noch präsent. Hier sollten in der von Papst Pius XI. (1922–1939) ausgerufenen „Katholischen Aktion" die Laien die christliche Verkündigung wahrnehmen. Ihnen sollte der *„Weltdienst"* zukommen, während die Priester den *„Heilsdienst"* zu verrichten hätten. Dennoch wurde damit das traditionelle hierarchisch geprägte Kirchenbild keineswegs aufgegeben. Denn der Weltdienst sollte ausschließlich in Unterordnung und im Gehorsam gegenüber der Hierarchie vollzogen werden können. Es gibt – so die kirchenamtliche Konzeption – nur ein Apostolat der Kirche, das Christus dem Papst und den Aposteln anvertraut hat. Diese üben es überall dort aus, wo es ihnen möglich ist. Darüber hinaus delegieren sie die ihnen verliehene

Vollmacht weiter an die Laien, damit diese in ihrem Auftrag die Welt und die Gesellschaft verchristlichen. Das Laienapostolat ist demnach die „Teilnahme der Laien am hierarchischen Apostolat", die Katholische Aktion wurde verstanden als „ein Werkzeug in der Hand der Hierarchie, sie soll gleichsam die Verlängerung ihres Armes sein, sie ist darum ihrer Natur gemäß der Leitung der kirchlichen Obrigkeit unterstellt"[21]. Die Mitarbeit der Laien war jetzt also durchaus erwünscht, aber sie stand in voller Unterordnung unter die Hierarchie. Aufbrüche von unten, wie sie in den katholischen Verbänden im 19. Jahrhundert geschahen, wurden nach wie vor beargwöhnt und verurteilt. Der Laie war jetzt geschätzt, aber er war es nach dem Wort Papst Pius' XII. als der „verlängerte Arm der Bischöfe". Er hat seine kirchliche Vollmacht allein aus Delegation durch die Hierarchie, der alle Gewalt ursprünglich eignet, und die sie jederzeit wieder an sich ziehen kann.

Dieses Bild des Laien bestimmte die katholische Theologie bis zum Vorabend des Zweiten Vatikanischen Konzils. Dieses hat im Rückgriff auf die Alte Kirche mit dieser überkommenen Konzeption gebrochen. Noch vor jeder Differenzierung in einzelne Aufgaben, Funktionen, Charismen und Ämter ist die Kirche zunächst Mysterium und ist sie Volk Gottes. In ihm sind alle Brüder und Schwestern und insofern einander gleich. Damit hat die Wertung der Laien eine völlig neue Grundlage gefunden. „Der Apostolat der Laien ist Teilnahme an der Heilssendung der Kirche selbst. Zu diesem Apostolat werden alle vom Herrn selbst durch Taufe und Firmung bestellt" (LG 33). Entscheidend ist hier das betonte „Selbst": Laien haben teil am Apostolat der Kirche selbst, sie sind von Christus selbst dazu berufen. Damit ist die Vorstellung, dass Laien nur Anteil erhalten am Apostolat der Hierarchie und von ihnen delegiert werden können, überwunden. Die Vorstellung vom „verlängerten Arm der Bischöfe" kommt nicht mehr vor. Die Laien sind nicht durch die Hierarchie, sondern „vom Herrn selbst mit dem Apostolat betraut", sie haben „Pflicht und Recht zum Apostolat ... kraft ihrer Vereinigung mit Christus, dem Haupt" (AA 3). Sie haben teil am Apostolat der Kirche, nicht an dem der Hierarchie.

In seiner Besinnung auf das Volk Gottes hat das Zweite Vatikanum in Kauf genommen, dass der Begriff „Laie" unscharf wurde, ja dass er sich einer Definition mehr und mehr entzog. Das Konzil spricht von einer wahren „Gleichheit in der allen Gläubigen gemeinsamen Würde und Tätigkeit zum Aufbau des Leibes Christi" (LG 32) und bezeichnet die Laien als „wahre Apostel" (AA 6). Folglich „richtet sich alles, was (in der Kirchenkonstitution) über das Volk Gottes gesagt wurde, in gleicher Weise an Laien, Ordensleute und Kleriker" (LG 30). Und sogar das dreifache Amt Christi, von dem her oft das Bischofsamt interpretiert wurde, wird ihnen zugesprochen, wenn es heißt, dass Laien als Getaufte und Gefirmte am einen königlichen, prophetischen und priesterlichen Amt teilhaben. Damit wird es zunehmend schwierig, den Laien überhaupt zu definieren. Denn alles, was über ihn positiv ausgesagt wird, trifft auch für den Amtsträger zu. Wenn der Laie als Glied des Volkes Gottes im biblischen Sinn verstanden und der Begriff „Volk" nicht mehr soziologisch verwendet wird und eine Unterschicht von den Amtsträgern abgrenzt, wenn damit ernst gemacht wird, dass auch der Amtsträger zum *laós* gehört, im Volk steht und für dieses bestellt ist, dann wird die gegenseitige Abgrenzung von Laien und Klerikern notwendigerweise unscharf. Bemühungen in der Zeit nach dem Konzil, die Laien wiederum auf den „Weltdienst" festzulegen, scheiterten an den zahlreichen Konzilstexten, die von der Verpflichtung des Laien in Kirche und Welt sprechen. Es scheint heute nicht mehr möglich, den Laien schlüssig zu definieren, wenn man ihn nicht – in Spannung zur biblischen Sicht – auf seine Kontraststellung zum Priester festlegen will.

Das bedeutet nicht, man dürfe zur alten „Hierarchologie" zurückkehren und Kirche auf das Amt reduzieren oder das missverständliche Wort von der „Amtskirche" legitimieren. Vielmehr gilt es, den Begriff *laós* wieder in dem Sinne ernst zu nehmen, den er vom Ursprung her hatte, nämlich als Bezeichnung für die Kirche als Ganze. „Volk" bezeichnet in biblischem Verständnis keine soziologische Größe. Er trennt nicht Stände innerhalb der Kirche, die Nicht-Priester von den Amtsträgern. Die Theologie des Volkes Gottes schließt eine Sicht der Kirche aus, in der das Amt – oder einige Amtsträger – für die Kirche sprechen und entscheiden, und die Nicht-Amtsträger hören und gehorchen. Volk Gottes bezeichnet aber auch nicht die Masse der Unterdrückten und Ausgebeuteten, die Armen der oft beschworenen Basis im Gegensatz zur Hierarchie. Volk Gottes umreißt vielmehr die Einheit und Gemeinschaft aller in der Kirche und ihre legitime Vielfalt.

So lautet hier die These: Wenn wir eine rechte Theologie und vor allem eine rechte Praxis des Volkes Gottes hätten, bräuchten wir keine Theologie des „Laien". Die Besinnung auf den „Laien", die derzeit weithin gefordert wird, sollte übergehen in eine Besinnung auf das Volk Gottes, seine Gestalt und seine Strukturen. Die derzeitige Bemühung um eine Theologie des „Laien" erscheint eher als ein Zeichen dafür, dass in Theologie und Praxis das Volk Gottes noch nicht entsprechend ernst genommen wird. Die Organisationsformen, in denen dieses seinen Glauben formulieren könnte, sind erst sehr anfanghaft entwickelt, und Entscheidungskompetenz haben Laiengremien kaum. Immer noch sind die Vollmachten in der Kirche fast völlig dem Klerus vorbehalten, und dieser ist frei, ob und wie er die „Laien" in den Prozess der Entscheidungsfindung einbezieht, wer gehört wird und wer nicht. Dem Amt sind im Laufe der Geschichte vielfältige Vollmachten und Kompetenzen zugewachsen, die sich keineswegs notwendig und vom Wesen der Kirche her mit ihm verbinden. Damit wurde die Idee des Volkes Gottes und der gemeinsamen und gleichen Würde aller verdunkelt. Kirche erscheint auch nach dem Konzil häufig nach innen und nach außen weniger als Volk Gottes, denn als eine von oben nach unten durchstrukturierte Größe, in der die Oberen ihre Macht verteidigen und die „Laien" weithin von der Verantwortung ausgeschlossen sind. Wenn heute um die Rechte der „Laien" gerungen wird und wenn man – mit wenig Erfolg – versucht, den „Laien" zu definieren und ihn vom Kleriker abzugrenzen, dann zeigt das, dass in unserer Theologie und Praxis des Volkes Gottes etwas nicht stimmt.

Diese These widerspricht nicht der Aussage, dass es in der Kirche verschiedene Dienste und Ämter geben muss, die bestimmte Aufgaben zu vollziehen haben. Ohne diese Ämter wäre das Volk nicht das Volk Gottes, nicht die Kirche. Das gilt vor allem für das durch Ordination verliehene Amt. Doch „aus der ‚Ordination' der einen, darf nicht eine ‚Subordination' der anderen werden"[22].

Das Amt und die Ämter

Das Neue Testament zeigt innerhalb des Volkes Gottes eine Vielzahl von Charismen, Funktionen und Ämtern, die auf Zeit oder auf Dauer, spontan oder formell übertragen ausgeübt wurden. Sie gründen im Auftrag Christi und seines Geistes, stehen im Volk Gottes, im *laós*, nicht über ihm und erweisen sich dadurch als geistgewirkt, dass sie der Auferbauung der Gemeinde dienen. Dabei sind die Amtsstrukturen im Neuen Testament noch sehr fließend; auf die Art und Weise der Amtseinführung wird kaum reflektiert. Die Kirche stand in der Erwartung der Wiederkunft ihres Herrn, sie war bestimmt vom Aufruf zur Umkehr, zu einem Leben, das nicht den Normen der Welt und der Gesellschaft entsprach, sondern auf die kommende Welt ausgriff. Doch als sich die junge Kirche auf eine bleibende Präsenz in der Welt und in der Geschichte einstellte, wurden Strukturen der Bewahrung des Ursprungs, der Treue und der Übersetzung in die jeweilige Zeit und Kultur hinein immer wichtiger. In diesem Rahmen erfolgte die Ausgestaltung von Ämtern. Selbst wenn die Formen, die das Amt annahm, von den gesellschaftlichen Gegebenheiten her mit geprägt wurden, waren doch die entscheidenden Weichenstellungen in der biblischen Botschaft grundgelegt. Die Ämter sind dazu bestimmt, auf dem Grund weiter zu bauen, den Christus gelegt und den die Apostel überliefert hatten. Daraus ergeben sich die Aufgaben des Amts: Es ist am Amt des Apostels als dem Verkünder der Frohbotschaft, dem Gründer von Gemeinden, dem Band der Einheit zwischen den Gemeinden orientiert. Alles dies ist der Apostel in seiner Funktion als bleibender Grund der Kirche. Von diesem Ausgangspunkt her ergeben sich Grundstrukturen des Amts.

Amt ist ein *Relationsbegriff*. Über das Amt lässt sich nur von der Kirche her sprechen, es steht in der Kirche und muss von der Gemeinde her verstanden werden. Im Zweiten Vatikanum wurde dies durch die Bezeichnung des Amtes als Dienst, als *ministerium*, zum Ausdruck gebracht. Ein Dienst lässt sich nur von dem her definieren, dem er zu dienen hat, um dessentwillen er da ist. Das bedeutet, dass sich das Amt von der Kirche her bestimmt. Das schiebt einer klerikalistischen Sicht der Kirche einen Riegel vor, die Kirche im Amt grundgelegt sieht und Kirchengründung primär in der Einsetzung der Apostel oder des Petrus ansetzt. Ausgangspunkt und Rahmen der Lehre vom Amt ist, wie es das Zweiten Vatikanum deutlich macht, die Kirche als Mysterium und als Volk Gottes. Folglich wurden im Konzil diese beiden Kapitel der Darlegung des Amts vorausgestellt. In der Alten Kirche hat Augustin diesen Gedanken in den klassischen Worten formuliert, die auch das Konzil zitiert: „Wo mich erschreckt, was ich für euch bin, da tröstet mich, was ich mit euch bin. Für euch bin ich Bischof, mit euch bin ich Christ. Jenes bezeichnet das Amt, dieses die Gnade, jenes die Gefahr, dieses das Heil" (LG 32). Aus dieser Einbettung des Amtes in die Kirche folgt jedoch nicht, dass dieses als Delegation aus der Gemeinde verstanden werden könnte, so als ob diese lediglich aus sich die ihr zukommende Vollmacht einem Einzelnen übertragen würde. Es gehört zur Struktur der Kirche, dass sie auch das Gegenüber zu Christus und zu seinem Wort in sich schließt. Weil das Amt eine Relation bezeichnet, gehört zu ihm auch das Gegenüber zur Gemeinde. Der Amtsträger ist nicht allein ihr Repräsentant, er ist auch Repräsentant Christi gegenüber der Gemeinde, er spricht und handelt in seinem Namen und steht in der Verantwortung zu ihm. Er kann und muss der Gemeinde gegebenenfalls auch Dinge sagen, die ihr nicht schmeicheln, die sie nicht gerne hört.

Das Amt dient der *Apostolizität der Kirche*, der Tradition; es ist dazu da, diese bleibend lebendig zu halten. Die Überlegungen zur Amtssukzession haben deutlich gemacht, dass das Amt im Dienst der Treue zu der Botschaft steht, die ein für allemal verkündigt wurde. Das Amt hat die apostolische Lehre zu bewahren, dafür zu sorgen, dass sie nicht durch ein Fremdes, ihr Entgegengestelltes ersetzt und überlagert wird. Die Amtsträger in der Kirche sind zunächst einmal der Bewahrung der apostolischen Tradition verpflichtet, sie haben der Einheit der Kirche durch die Geschichte hindurch zu dienen.

So wie das Amt der Einheit der Kirche durch die Zeit hindurch verpflichtet ist, so auch der Einheit im Raum. Der Amtsträger dient als Gemeindeleiter der Einheit der Kirche am Ort; durch die Gemeinschaft der Amtsträger untereinander wird die Einheit der Ortskirchen in der Universalkirche gewährleistet und ausgedrückt. Amtsträger tragen Verantwortung nicht allein für die örtliche oder regionale, sondern auch für die universale Kirche. Durch die Offenheit der Ortskirchen untereinander, dadurch, dass sie füreinander Verantwortung übernehmen, ereignet sich jeweils am Ort Kirche, die *una sancta catholica et apostolica Ecclesia* des Glaubensbekenntnisses. Der Apostel gibt weiter, was er selbst empfangen hat, was ihm zuteil geworden ist; er ist nicht das religiöse Genie. So will der Amtsträger nicht selbst etwas machen. Christlicher Glaube besteht zunächst nicht darin, etwas zu leisten, zu erfinden, sondern sich beschenken zu lassen, etwas dankbar anzunehmen. Das Heil ist nicht unser Werk, sondern es ist uns vorgegeben, es kommt von außen auf uns zu. Dies ist eine Konsequenz der Botschaft von der Rechtfertigung. Diese Grundstruktur christlicher Existenz wird im Amt dadurch sichtbar, dass dieses durch Ordination übertragen wird. Man kann es nicht verdienen, nicht fordern, es wird als Gabe und Geschenk empfangen.

Einheit der Kirche durch die Geschichte hindurch, der das Amt dient, bedeutet keineswegs nur Festhalten an unveränderlichen Sätzen und Formen. Tradition ist ein lebendiges Geschehen. So fand das Amt selbst seine Gestalt im Übersetzungsprozess der biblischen Botschaft hinein in die griechisch-hellenistische Welt. Dabei wurde nicht einfachhin das immer schon Gesagte und Gewusste wiederholt. In der Begegnung mit dem Hellenismus wurde das Christentum durch neue Fragestellungen und Probleme herausgefordert, mit denen die Urgemeinde noch nicht konfrontiert worden war und auf die Jesus selbst noch keine Antwort gegeben hatte.

Diese Fragen waren neu und sie wurden in Treue zur Überlieferung in einem schöpferischen Prozess beantwortet. Im Glauben war es möglich, auf neue Fragen in Treue zur Tradition eine rechte Antwort zu formulieren. Die Hellenisierung war der am tiefsten gehende Prozess einer Inkulturation, den die christliche Botschaft bisher durchlaufen hat. Der Übersetzungsprozess, der dabei geleistet wurde, hatte seinen Preis; er ging nicht ohne Reibungsverluste ab. Aber es wäre falsch, heute eine Inkulturation des Christentums in nicht-europäischen Kulturen zu fordern, gleichzeitig aber die Hellenisierung des Christentums als den Sündenfall der frühen Christenheit zu verwerfen. Ebenso problematisch wäre es aber, die Hellenisierung in der Dogmenbildung und in den Strukturen der Alten Kirche für normativ zu erachten, heutige Bemühungen um eine Inkulturation in eine nicht oder nicht mehr hellenistisch denkende Welt hinein dagegen von vorneherein zu verwerfen. Die Tradition, der das Amt zu dienen hat, erweist sich als ein dynamischer Prozess, nicht als bloße Wiederholung des immer Gleichen.

Dem Amtsträger kommt es zu, die Feier der sakramentalen Zeichen zu leiten, also die Sakramente der Initiation zu spenden, Versöhnung und das Herrenmahl zu feiern. Denn er repräsentiert die Ortskirche und bindet sie in die Gemeinschaft mit den anderen Kirchen und deren Amtsträgern ein. In der Eucharistiefeier wird die synchrone und diachrone Einheit der christlichen Kirche bezeichnet und verwirklicht: die Einheit mit allen Gemeinden, die sich im Gedächtnis des Herrn in der Mahlfeier versammeln, die Einheit aber auch mit den Heiligen, die zu allen Zeiten als Vorbilder des Glaubens lebten. Damit erweist sich der Amtsträger als der genuine Vorsteher der Feier des Herrenmahls.

In der Ordination bestellt der Ordinierte selbst wiederum Amtsträger, um die Weitergabe der Verkündigung zu gewährleisten. Amtsträger haben zu ordinieren und Mitarbeiter zu bestellen, die dafür sorgen, dass das Wort Gottes nicht verstummt und dass die Sakramente gefeiert werden.

Eine solche Umschreibung des Amts von seinen Aufgaben her wird verschiedentlich als *funktionalistisch* kritisiert. Wenn es in der Kirchenkonstitution heißt, das besondere Priestertum unterscheide sich vom gemeinsamen Priestertum aller Getauften „dem Wesen und nicht bloß dem Grade nach" (LG 10), dann machen die nächsten Sätze sofort deutlich, wie diese Formulierung verstanden werden muss. Es heißt, dass der Amtsträger das priesterliche Volk heranbildet und leitet, dass er das eucharistische Opfer vollzieht und es im Namen des ganzen Volkes darbringt. Das sind durchwegs funktionale Umschreibungen, die dann natürlich auch die Person prägen und bestimmen. Das Wesen des Amts besteht gerade im Auftrag zur Verkündigung und zur Sakramentenspendung und darin zur Leitung der Gemeinde. Die

Vollmacht des Amtsträgers ist nicht ein Drittes daneben, sondern eben dieser Dienst an Wort und Sakrament. Weil sich das ordinierte Amt vom gemeinsamen Priestertum aller Getauften „dem Wesen, nicht dem Grade nach" unterscheidet, ist der Amtsträger nicht in höherem Maße Christ als jeder andere Gläubige auch. Hinsichtlich des Christseins gibt es keine Differenz zwischen beiden. Das Spezifikum des Amtsträgers ist der Dienst im Volk Gottes und für dieses, zu dem er bestellt ist.

Ebenso wie Taufe und Firmung verleiht auch die Ordination einen sakramentalen, unverlierbaren Charakter. Er besagt, dass diese Sakramente nicht wiederholt werden können. Sie werden ein für allemal gespendet. Die Lehre vom sakramentalen Charakter entstand in der frühen Kirche, als Getaufte, die in Verfolgungszeiten vom Glauben abgefallen waren, sich wieder bekehrten. Verlangt ihre Wiederaufnahme in die Kirche die erneute Spendung der Taufe? Dagegen traf die Kirche die Entscheidung: Die Taufe gilt ein für allemal, sie prägt den Menschen in seiner Person und bedarf darum keiner Wiederholung. Diese Konzeption vom prägenden Charakter wurde in der Folgezeit auf die anderen Sakramente angewandt, die ebenfalls nicht wiederholt wurden: die Firmung und die Priesterweihe. Die Lehre vom sakramentalen Charakter besagt also nicht eine Überlegenheit des Amtsträgers über den Laien; sie muss nicht als ontisch, also das Wesen erfassende Umwandlung interpretiert werden, sondern sie deutet die Tatsache, dass die Ordination nicht wiederholt wird, wenn jemand sein Amt wechselt und ein neues Amt übernimmt. Insofern unterscheidet sich die Ordination von der Investitur, der Beauftragung mit einem konkreten (Pfarr-) Amt. Damit ist das Amt grundsätzlich als Lebensprojekt zu verstehen, nicht als „Job". Der Auftrag, der übergeben und empfangen wird, und die Zusage der Gnade prägen die Person als ganze.

In der katholischen Kirche ist das kirchliche Amt Männern vorbehalten, eine Tatsache, die zu vielfältigen und manchmal bitteren Kontroversen geführt hat. Dabei werden schwerpunktmäßig zwei Argumente angeführt: Jesus war frauenfreundlich, dennoch hat er keine Frauen in den Kreis seiner Apostel aufgenommen, nicht einmal seine eigene Mutter. Ferner: Weil er Jesus Christus der Gemeinde gegenüber repräsentiert und Christus als der Bräutigam der Kirche der Braut gegenübertritt, muss der Priester ein Mann sein. Beide Argumente bringen Angemessenheitsgründe. Sie sind jedoch bei allem Gewicht, das ihnen zugemessen wird, nicht von der Art, dass sie zwingend eine Ordination von Frauen ausschließen würden. Jedenfalls wird in den kirchlichen Verlautbarungen, die eine Frauenordination ablehnen, nicht vom Wesen der Frau her argumentiert, so also seien Frauen von ihrem Wesen her für das Amt ungeeignet. Manche Kritik am Verbot der Frauenordination wendet sich gerade gegen dieses kirchenamtlich nicht vorgebrachte Argument. Nur unter dieser Begründung wäre das Verbot der Frauenordination als eine Zurücksetzung oder gar als eine Beleidigung von Frauen zu verstehen. Sonst aber gilt: Niemand hat ein Recht auf Ordination, die Kirche hat zweifellos die Vollmacht, Kriterien für den Zugang zum Amt aufzustellen. Und es sprechen einige Gründe dafür, dass aus historischen, pastoralen und ökumenischen Erwägungen die Ordination von Frauen als nicht opportun abgelehnt wird. Ob die Gründe, die heute zu dieser Festlegung führen, diese auf Dauer tragen, kann erst die Zukunft zeigen.

Eine Besonderheit der katholischen Amtspraxis ist, dass das Amt des Bischofs und des Priesters mit dem Zölibat verbunden ist. Dies ist für die Gestalt der Kirche von hoher Relevanz. Dadurch erscheint die Kirche als Kontrastgesellschaft, die in Spannung lebt zu dem, was „in" ist; aber die Zahl der Kandidaten, die bereit sind, diese Bedingung zu übernehmen, ist notgedrungen begrenzt. So bedeutsam diese Regelung für die Praxis ist, so wenig ist sie theologisch relevant. Dies beweist die abweichende Ordnung in den mit Rom unierten Ostkirchen, die verheiratete Priester kennen, ohne dass darin eine Glaubensdifferenz gesehen würde. An dieser Stelle ist die Kirche frei, die Zugangsbedingungen zur Ordination festzusetzen und sie so zu wählen, dass das Zeugnis des christlichen Amts eindeutig ist und bleibt. Allerdings hat die Kirche wohl nicht das Recht, Voraussetzungen aufzustellen, die Wortverkündigung und Sakramentenspendung in vielen Gemeinden in Frage stellen.

Das Amt, so wie es im Zweiten Vatikanum dargestellt ist, verwirklicht sich im Bischofsamt. Alle anderen Ämter sind von ihm her zu betrachten und zu deuten.

Das Bischofsamt

Das kirchliche Amt wird, wie es im Zweiten Vatikanum heißt, „seit alters" in dreifacher Stufung als das Amt des Bischofs, des Priesters und des Diakons ausgeübt (LG 28). Die Vollgestalt des Amtes ist im Bischofsamt verwirklicht, die Bischöfe sind die Amtsträger par excellence. Dieses Amt prägt das Bild der frühen Kirche. Für Theologen, die sich insbesondere der Alten ungeteilten Christenheit verpflichtet wissen, erscheint das bischöfliche Amt als das Amt schlechthin. So preist beispielsweise in der ersten Hälfte des 19. Jahrhunderts der Tübinger Theologe Johann Adam Möhler (1796–1838) den Bischof mit geradezu hymnischen Worten. Er beschreibt ihn als die anschaulich gewordene Vereinigung der Gläubigen am Ort, die Person gewordene Liebe der Gläubigen zueinander. Der Bischof ist nach dieser Vorstellung die Manifestation und der lebendige Zentralpunkt der nach Einigung strebenden Christengesinnung; er ist die zum Bewusstsein ihrer selbst gekommene Liebe der Christen zueinander, das Mittel, diese Liebe festzuhalten und sie zu verwirklichen.

J. A. Möhler: Der Bischof als die personifizierte Liebe der
Gemeinde (Die Einheit in der Kirche [1825]):
Der Bischof ist also die anschaulich gewordene Vereinigung der Gläubigen an einem bestimmten Ort, die per-
songewordene Liebe derselben zueinander, die Manifestation und der lebendige Zentralpunkt der nach Einigung
strebenden Christengesinnung, und weil diese in dem Bischof der beständigen Anschauung hingegeben ist, die
zum Bewußtsein gekommene Liebe der Christen selbst,
und das Mittel, sie festzuhalten ... Daher wird die Gemeinschaft der Gläubigen zueinander nach ihrer Verbindung mit dem Bischof bemessen, und die Liebe der Gläubigen zu Christus ist das Urbild jener Verbindung, und
jene somit das Nachbild und der Abdruck dieser. In dieser Ideenverbindung ist dem Ignatius der Bischof selbst
der Antitypus Christi, und die Bischöfe werden seine
Stellvertreter genannt. Da der Bischof die personifizierte
Liebe der Gemeinde und der Mittelpunkt aller ist, so ist
eben darum auch, wer mit ihm verbunden, mit allen in
Gemeinschaft, und wer getrennt ist von ihm, hat sich der
christlichen Gemeinschaft aller entzogen und ist von der
Kirche getrennt. Die Kirche ist also im Bischof und der
Bischof in der Kirche. Dieser Mittelpunkt ist darum so
notwendig, daß ohne ihn die Gemeindeverbindung un-
denkbar ist, und der Begriff einer Kirche wird so bestimmt, daß sie ein in einem Bischof vereintes Volk sei.
Zwei Bischöfe in einer Gemeinde sind mithin so unmög-
lich, als zwei Mittelpunkte in einem Kreis, so daß einer
der beiden keiner ist ... Weil der Bischof die Liebe aller in
lebendigem Bild darstellen soll, so müssen auch alle bei
seiner Wahl tätig sein, alle müssen Zeugnis geben, daß er
alle übertreffe an Liebe zu Christus und an Kraft, Ihn zu
verkünden; alle müssen in ihm den erblicken, der alle verbinden, der, wie er die Liebe aller darstellen, so die Liebe
aller auch besitzen müsse. Er ist nicht heiliger als andere,

142

> weil er Priester ist, sondern er wurde Priester, weil er
> heiliger war. Wer zur bischöflichen Würden eilt, ist ihrer
> unfähig: und wer ihrer fähig ist, der eilt nicht; jener fühlt
> ihre Last und ihre Mühseligkeit nicht, und wer sie fühlt,
> der zieht sich zurück.
>
> (tzt D 5 Nr. 158)

Was Möhler hier formulierte, war nicht eine Zustandsbe-
schreibung der Bischöfe und ihrer Amtsführung zu seiner
Zeit. Vielmehr wollte er theologisch reflektieren, was kirchliches Amt ist. Das schloss auch eine Kritik an der Kirchen-
ordnung ein, wie er sie selbst erlebte. Denn faktisch wurden
die Bischöfe im 19. Jahrhunderts theologisch zumeist recht
stiefmütterlich behandelt. Im Verlauf der immer deutliche-
ren Konzentration aller kirchlichen Verantwortung und
Vollmacht auf den Papst allein traten die Bischöfe im Verlauf
des 2. Jahrtausends in ihrer theologischen Stellung mehr und
mehr in den Hintergrund. So war Möhlers Darlegung des
bischöflichen Amts in der Alten Kirche nicht zuletzt eine
Kritik an einer Entwicklung, in der dieses Amt mehr und
mehr der päpstlichen Zentralgewalt geopfert zu werden
schien. Nicht von ungefähr hatten ein halbes Jahrhundert
nach Möhler die Kritiker des Ersten Vatikanums den Eindruck, mit der Definition der päpstlichen Universalgewalt,
die als „wahrhaft bischöflich" bezeichnet wurde, habe in der
Kirche nach diesem Konzil das bischöfliche Amt aufgehört
zu existieren, es sei im Papstamt aufgegangen. Denn wenn
der Papst in jeder Diözese die volle bischöfliche Gewalt besitzt, dann besitzt sie der Bischof eben nicht mehr. Damit
gäbe es, so die Kritik der Altkatholiken und der Orthodoxie,
in der römischen Kirche keine Bischöfe mehr, sondern nur
noch päpstliche Delegaten, vatikanische Gesandte. Durch
die Definition des Primats habe die Kirche den Episkopat im
Sinne der Alten Kirche abgeschafft.

Auch theologisch wurde das Bischofsamt abgewertet. In der mittelalterlichen Sakramentenlehre erscheint die Bischofsweihe nicht als Sakrament, sondern lediglich als Sakramentale. Das Bischofsamt reduzierte sich damit auf eine Verwaltungsfunktion, die gegebenenfalls zusätzlich mit weltlicher Macht ausgestattet war. Die Bischöfe der Reichskirche hatten nach vorherrschender Deutung eine zweifache Vollmacht: die Weihegewalt und die Jurisdiktion. Die geistliche Vollmacht wird, so die Deutung, durch die Ordination, d. h. durch die Priesterweihe (nicht die Bischofsweihe!) verliehen, die Jurisdiktion durch die Übertragung der Amtsgewalt, die – je nach Standpunkt – als vom Papst oder vom Kaiser stammend betrachtet wurde. Dabei konnten beide Vollmachten auch auseinander treten, gegebenenfalls sogar unterschiedlichen Personen verliehen werden. Dann stand neben oder unter dem Bischof als dem Träger der Jurisdiktion der Weihbischof, der die geistlichen Vollzüge wahrzunehmen hatte, aber dem keine Jurisdiktion zukam.

Das Amt wurde traditioneller Weise von der Vollmacht zur Feier der Eucharistie und der Sündenvergebung her betrachtet, und diese wird in der Priesterweihe verliehen. Damit erschien der Priester als der Amtsträger schlechthin. Zwar führte man die Unterscheidung von Bischof, Priester und Diakon auf göttliche Einsetzung zurück; doch Paradigma des Amtsträgers war der Priester, nicht mehr, wie in der Alten Kirche, der Bischof. Die Priesterweihe überträgt in dieser Deutung das eine und ungeteilte Amt, wobei lediglich einige Befugnisse, insbesondere die der Firmung und der Ordination, gebunden blieben; sie wurden nach diesem Verständnis erst in der Bischofsweihe freigesetzt.

Gegenüber dieser Position hat das Zweite Vatikanische Konzil auf die Alte Kirche zurückgegriffen und das Bischofsamt erheblich aufgewertet. In Ergänzung zu den Aussagen des Ersten Vatikanums wird auch vom bischöflichen Amt gesagt, dass es göttlichen Rechts ist, dass Bischöfe „eine ihnen eigene Gewalt innehaben" und darum „nicht als Stellvertreter der Bischöfe von Rom zu verstehen" seien (LG 27). Vor allem aber lehrt das Konzil, „daß durch die Bischofs- weihe die Fülle des Weihesakramentes übertragen wird" (LG 21). Die Weihe ist dem Konzil zufolge die Quelle so- wohl der jurisdiktionellen als auch der sakramentalen Voll- macht des Bischofs. Dieser hat sein Amt nicht allein im sakramentalen, sondern auch im jurisdiktionellen Bereich aus der Ordination. Die bischöfliche Vollmacht ist als Ganze sakramentalen Ursprungs und muss darum mit geistlichen Mitteln ausgeübt werden. Als gesellschaftlicher Machtan- spruch wäre sie fehlgedeutet oder missbraucht. In weltlichen Kategorien ausgedrückt muss man sagen: Die Bischöfe waren die großen „Gewinner" des Konzils, ihr Amt erfuhr gegenüber der vorkonziliaren Lehre eine erhebliche Auf- wertung. Dies gilt besonders für die Aussagen über die Kol- legialität der Bischöfe, wonach die Bischöfe insgesamt eine gemeinsame Verantwortung für die Kirche als Ganze tragen und der Papst als Bischof von Rom seine Aufgabe innerhalb dieses Kollegiums wahrnimmt. Mit diesen Aussagen sollten Kontroversen überwunden werden, die die Geschichte der Kirche ein Jahrtausend hindurch begleitet hatten, nämlich die Verhältnisbestimmung von Papst und Bischof, von Papst und Konzil.

Das Papsttum

Es war ein langer historischer Prozess, in dem das Papsttum die Stellung erreichte, die im Ersten Vatikanischen Konzil (1869/70) umschrieben und in den beiden Dogmen vom Primat und der Unfehlbarkeit des Papstes verbindlich fest- gelegt wurden. In diesem Konzil sollte der Konziliarismus endgültig überwunden und die unbegrenzte Machtfülle des Papstes festgeschrieben werden. Insofern ist dieses Konzil für die Theologie des Papstamtes entscheidend. Darum soll sich die Darlegung dieses Amtes an die Dogmatische Kon-

stitution „*Pastor aeternus*" des Ersten Vatikanums an-
schließen. Sie stellt das Papstamt in vier Kapiteln dar: (1) Die
Einsetzung des apostolischen Vorrangs im heiligen Petrus,
(2) die beständige Fortdauer des Vorrangs des heiligen
Petrus in den römischen Bischöfen, (3) der Inhalt und das
Wesen des Vorrangs des römischen Bischofs, (4) das unfehlbare Lehramt des römischen Papstes[23].

Die Einsetzung des apostolischen Vorrangs wird in der
Stellung gesehen, die Petrus innerhalb des Apostelkollegi-
ums innehatte. Die biblischen Texte belegen eine besondere
Funktion, die Petrus im Jüngerkreis einnahm, wo er ver-
schiedentlich als Sprecher der Zwölf aufgetreten ist. Diese
Sprecherfunktion, die oben dargestellt wurde[24], interpretiert
das Konzil „als wahren und eigentlichen Vorrang der
Rechtsbefugnis". Petrus hatte demnach nicht nur einen
Ehrenvorrang, eine besondere Fähigkeit, sondern bereits
einen echten Jurisdiktionsprimat, der ihm direkt Jesus
Christus übertragen wurde. Dabei bietet das Wort vom
Felsen und vom Bauen der Kirche (Mt 16,18ff) den ent-
scheidenden Beleg.

Diese Rechtsbefugnis ist auf die römischen Bischöfe übergegangen und lebt in ihnen fort. Dies ist die Aussage des
zweiten Kapitels, in dem anhand einiger eher zufällig er-
scheinender Beispiele aus der frühen Kirche der Vorrang des
römischen Bischofs von Anfang an belegt wird. Die historische Wissenschaft argumentiert dabei heute wesentlich
zurückhaltender als das Erste Vatikanum. Die Zeugnisse für
einen Vorrang des römischen Bischofs, der sich von der Sonderstellung des Heiligen Petrus herleitet, sind in den ersten
Jahrhunderten eher spärlich und in ihrer Aussagekraft keineswegs eindeutig. Die Entwicklung eines monarchischen
Episkopats, also die Herauskristallisierung der Vollmacht
eines einzelnen Bischofs gegenüber dem Kollegium der
Amtsträger, erfolgte in Rom später als im Osten des Reiches.
Die klassische Stelle Mt 16,18 wurde erst unter Papst Leo I.
(440–461) eindeutig als Begründung eines römischen Pri-

mats verstanden. Seit der Mitte des 5. Jahrhunderts ist ein juridisch formulierter Primat dokumentiert, der mit einer Vorrangstellung des Petrus begründet wird. In den Jahrhunderten davor lässt sich dies kaum nachweisen. Andererseits ist festzuhalten, dass die häufig angeführte These, der römische Primat sei einfachhin aus der Position der Reichshauptstadt und ihres Bischofs erwachsen, so nicht haltbar ist. Der päpstliche Vorrang wurde in der frühen Kirche im Kern nicht durch die Sonderstellung begründet, die der Bischof der Reichshauptstadt einnahm, sondern durch die Tatsache, dass in dieser Stadt die Gräber der Apostel Petrus und Paulus lagen. Apostelgräber waren in der frühen Christenheit stets Garanten für die Bewahrung der rechten Botschaft und der ursprünglichen Lehre. Die Argumentation hinsichtlich der Sukzession im Bischofsamt wurde schon von Irenäus von Lyon dahingehend weitergeführt, dass Rom innerhalb des Netzes der apostolischen Gründungen ein besonderes Gewicht habe, denn hier stehe am Anfang nicht nur ein Apostel, sondern sogar zwei, Petrus und Paulus. Mit dem Besitz der Gräber dieser Apostel erhielt Rom eine besondere Qualität für die Gewährleistung des rechten Glaubens. Es waren also im Kern theologische und nicht politische Gründe, die eine Sonderstellung Roms begründeten.

Die zentrale Frage, die sich bei der Rückbindung an das Felsenwort Mt 16,18 ergibt, lautet, ob ein Grundstein nicht ein für allemal gelegt wird und darum eine Nachfolge des Petrus von vornherein ausgeschlossen ist, oder ob hier eine Fundamentfunktion angesprochen ist, die notwendigerweise die Person des Petrus überdauert und nur in einem Amt ausgeübt werden kann. Beide Deutungen sind vom Text her möglich. Sie sind für die Frage der Fortdauer des Petrus-Amtes in der Kirche von entscheidender Bedeutung.

Inhalt und Wesen des Vorrangs des römischen Bischofs werden im dritten Kapitel der Dogmatischen Konstitution „Pastor aeternus" dargestellt. Dies geschah vorwiegend in Zurückweisung des „Gallikanismus". In der gallikanischen

Kirche, also im französischen Bereich, wurde seit dem 17. Jahrhundert die Position vertreten, dass päpstliche Verlautbarungen und Anordnungen erst durch königliche Approbation bzw. durch eine Ratifizierung der Bischöfe rechtskräftig wurden. Ohne *Placet* des Königs und der Bischöfe durften in Frankreich keine päpstlichen Dekrete verkündet werden. Erst durch den *„Consensus ecclesiae"*, die Zustimmung der Kirche, konkret der Bischöfe, wurden sie verbindlich. In diesem Gallikanismus lebte der alte „Konziliarismus" weiter, die Vorstellung, dass das Konzil über dem Papst stehe und der Papst ihm Rechenschaft schuldig sei, gegebenenfalls auch von ihm abgesetzt werden könne.

Es gelang Rom lange Zeit hindurch nicht, diese Konzeption zu unterdrücken, allen Verurteilungen des Gallikanismus wurde jeweils das *Placet* des französischen Königs verweigert. Um diese Theorie ein für alle Mal auszumerzen, wurde im Ersten Vatikanum der Jurisdiktionsprimat des Papstes verfügt:

Der Primat des Papstes

Wir lehren demnach und erklären, daß die Römische Kirche auf Anordnung des Herrn den Vorrang der ordentlichen Vollmacht über alle anderen innehat, und daß diese Jurisdiktionsvollmacht des Römischen Bischofs, die wahrhaft bischöflich ist, unmittelbar ist: ihr gegenüber sind die Hirten und Gläubigen jeglichen Ritus und Ranges – sowohl einzeln für sich als auch alle zugleich – zu hierarchischer Unterordnung und wahrem Gehorsam verpflichtet, nicht nur in Angelegenheiten, die den Glauben und die Sitten, sondern auch in solchen, die die Disziplin und Leitung der auf dem ganzen Erdkreis verbreiteten Kirche betreffen, so daß durch Wahrung der Einheit sowohl der Gemeinschaft als auch desselben Glaubensbekenntnisses mit dem Römischen Bischof die Kirche Christi eine Herde unter einem obersten Hirten sei [vgl. Joh 10,16]. Dies ist die Lehre der katholischen Wahrheit, von der niemand ohne Schaden für Glauben und Heil abweichen kann.

(DH 3060)

Nach dieser Aussage des Konzils hat der Papst alle bischöflichen Rechte in der universalen Kirche. Er kann diese jederzeit in allen Ortskirchen ausüben und jede Entscheidung an sich ziehen. Dabei ist diese Vollmacht nicht auf Fragen des Glaubens und der Sitten begrenzt, sondern gilt auch in der Ordnung und Leitung der Kirche. Es scheint, dass hier tatsächlich die päpstliche Omnipotenz verkündet wurde, dass die Bischöfe alle ihre Vollmachten an den Papst abgetreten haben. Es fällt tatsächlich schwer, daneben noch einen genuinen Ort für die Bischöfe zu finden. Der Papst erscheint als der Universalbischof der Gesamtkirche. Damit war der Gallikanismus zweifellos zerstört, aber nicht wenige Kritiker innerhalb und außerhalb der Kirche hatten den Eindruck, dass damit auch das Bischofsamt selbst abgeschafft sei. Denn der Bischof ist nach der Entscheidung der Alten Kirche in jeder Diözese einer, er repräsentiert die Einheit der Ortskirche und führt sie in die Gemeinschaft mit den anderen Ortskirchen hinein. Indem im Ersten Vatikanum dem Papst die vollen bischöflichen Rechte in jeder einzelnen Diözese zugesprochen werden, scheint er an die Stelle des Ortsbischofs zu treten. Dieser ist nach der Überzeugung der Kritiker des Konzils nicht mehr wirklich Bischof, und der Episkopat ist in seiner altkirchlichen Gestalt preisgegeben.

Diese Interpretation hatte auch politische Konsequenzen. Denn nun schien es, dass die Staaten gemeinsame Belange mit den Kirchen nicht mehr mit den Bischöfen zu regeln hätten, sondern einzig und allein mit dem Papst. Bischöfe hätten keine eigene Verantwortung mehr, sondern seien Delegaten des Papstes, seine Beamten. Diese Deutung war insbesondere deshalb brisant, weil gerade in diesen Jahren

149

die Auseinandersetzungen um den Kirchenstaat ihren Höhepunkt erreichten und dieser im Jahr 1870 unterging. Wenn die Bischöfe nur noch Werkzeuge des Papstes sind, also Beamte eines absoluten Monarchen, der nach wie vor beanspruchte, Herrscher des Kirchenstaats zu sein, können sie dann in ihren Ländern als verfassungstreue Bürger angesehen werden? Bismarck war im Kulturkampf überzeugt, die Bischöfe seien „Beamte eines fremden Souveräns geworden, und zwar eines Souveräns, der vermöge seiner Unfehlbarkeit ein vollkommen absoluter ist, mehr als irgendein absoluter Monarch der Welt" (DH 3112). Gegen diese Verdächtigung ihrer Verfassungstreue haben sich die deutschen Bischöfe in einer „Kollektiverklärung" im Jahr 1875 gewandt:

Nach dieser Lehre der katholischen Kirche ist der Papst Bischof von Rom, nicht Bischof irgendeiner anderen Stadt oder Diözese, nicht Bischof von Köln oder Breslau usw. ... Kraft derselben göttlichen Einsetzung, worauf das Papsttum beruht, besteht auch der Episkopat; auch er hat seine Rechten und Pflichten vermöge der von Gott selbst getroffenen Anordnung, welche zu ändern der Papst weder das Recht noch die Macht hat ... Was insbesondere die Behauptung betrifft, die Bischöfe seien durch die vatikanischen Beschlüsse päpstliche Beamte ohne eigene Verantwortlichkeit geworden, so können wir dieselbe nur mit aller Entschiedenheit zurückweisen; es ist wahrlich nicht die katholische Kirche, in welcher der unsittliche und despotische Grundsatz, der Befehl des Oberen entbinde unbedingt von der eigenen Verantwortlichkeit, Aufnahme gefunden hat.

(DH 3113-3115)

Diese Interpretation der deutschen Bischöfe wurde vom Papst als authentische Auslegung der Beschlüsse des vatikanischen Konzils bestätigt (DH 3112). Somit ist festzuhalten, dass auch nach amtlicher Deutung der Aussagen des Ersten Vatikanums die Päpste nicht Weltbischöfe sind und die Diözesen nicht Unterabteilungen oder Außenbezirke der Universalkirche darstellen. Trotz eines durchaus missverständlichen Wortlauts, der im Sinn absolutistischer Herrschaftsansprüche ausgelegt werden könnte, darf aus dem Dogma vom Universalprimat des Papstes keine bedingungslose Gehorsamsforderung herausgelesen werden. Aufgabe des Papstes ist es vielmehr, der Einigung und der Gemeinschaft der Ortskirchen zu dienen, diese Gemeinschaft zu fördern, nicht aber Aufgaben zu übernehmen, die am Ort gelöst werden können und müssen.

Die größte Aufmerksamkeit fand bereits im Ersten Vatikanischen Konzil das 4. Kapitel der Konstitution *„Pastor aeternus"* mit der Definition der päpstlichen Unfehlbarkeit. Daran hat sich bis heute nichts geändert. Auch hier gilt es zunächst, den Konzilstext zur Kenntnis zu nehmen:

Unfehlbarkeitserklärung
Wenn der Römische Bischof „ex cathedra" spricht, d. h., wenn er in Ausübung seines Amtes als Hirte und Lehrer aller Christen kraft seiner höchsten Apostolischen Autorität entscheidet, dass eine Glaubens- oder Sittenlehre von der gesamten Kirche festzuhalten ist, dann besitzt er mittels des ihm im seligen Petrus verheißenen göttlichen Beistandes jene Unfehlbarkeit, mit der der göttliche Erlöser seine Kirche bei der Definition der Glaubens- oder Sittenlehre ausgestattet sehen wollte; und daher sind solche Definitionen des Römischen Bischofs aus sich, nicht aber aufgrund der Zustimmung der Kirche unabänderlich.

(DH 3074)

Bei einer Interpretation fällt zunächst auf, dass diese Definition recht kompliziert geworden ist. Das Konzil hat also nicht einfachhin, wie manche Bischöfe es gewollt hatten, eine nicht näher qualifizierte Unfehlbarkeit des Papstes deklariert. Der Text enthält vielmehr viele Bedingungen und Klauseln. Er besagt zunächst, dass der Gegenstand der Unfehlbarkeit ausschließlich Glaubens- und Sittenfragen sein können. Alles andere, etwa was zur Ordnung, zum Recht in der Kirche gehört, zu ihrer Regierung, ist von vorneherein von der Unfehlbarkeit ausgeschlossen. Zudem: Unfehlbarkeit bedeutet nicht neue Offenbarung. Die Offenbarung ist abgeschlossen, und Unfehlbarkeit kann sich nur auf die *rechte Interpretation* der Offenbarung beziehen. Vorstellungen, die in diesem Dogma die Behauptung einer unmittelbaren Verbindung des Papstes zu Gott erkennen wollten, durch die stets neue Erkenntnisse vermittelt würden, die niemand überprüfen kann, sind vom Konzilstext her nicht gedeckt. Träger der Unfehlbarkeit ist nach Aussage des Konzils, und das wurde im Zweiten Vatikanum bekräftigt: *die Kirche als Ganze.* Unter eng umrissenen Bedingungen kann der Papst jene Unfehlbarkeit beanspruchen, mit der der göttliche Erlöser seine Kirche ausgestattet sehen wollte. Wenn der Glaube gefährdet ist, wenn seine rechte Interpretation umstritten ist, legen nach altkirchlicher Praxis die Bischöfe in einem Konzil Zeugnis von ihrem Glauben ab und formulieren ihn verbindlich. Dies kann gegebenenfalls, wenn es sich als nötig erweist, etwa wenn ein Konzil nicht zusammentreten kann, auch der Papst alleine. Aber es kann immer nur *der Glaube der Kirche* sein, was er formuliert, nicht etwas anderes. Der Schlusssatz, in dem die „Zustimmung der Kirche" als Bedingung für Unfehlbarkeit abgelehnt erscheint, ist lediglich die Zurückweisung der gallikanischen Forderung eines *„consensus ecclesiae"*, d. h. einer nachträglichen Ratifizierung päpstlicher Aussagen durch die Bischöfe. Nur das ist zurückgewiesen, nicht die Tatsache, dass immer nur der Glaube der Kirche verbindlich zum Ausdruck gebracht werden kann. Dass diese Interpretation sachgemäß ist, wird nicht zuletzt darin deutlich, dass auch nach dem Ersten Vatikanum nie ausgeschlossen wurde, dass ein Papst gegebenenfalls irrgläubig werden und den Konsens der Kirche verlassen könnte. Wenn er sich in letzter Verbindlichkeit gegen den Glauben der Kirche ausspricht, wenn er etwas definiert, was der biblischen Offenbarung, der Tradition und der Verkündigung der Kirche widerspricht, hat er nicht ein neues Dogma verkündet, sondern sich selbst aus dem Glauben der Kirche entfernt: Dann ist er zum Häretiker geworden. Dabei besteht das Problem, dass in der Rechtsordnung der katholischen Kirche keine Instanz ausgewiesen ist, die ein solches Urteil fällen könnte. Andererseits aber ist deutlich, dass sich der Papst in diesem Fall *eo ipso*, also selbsteintretend und selbsttätig aus der Kirche ausschließen würde, denn ein Häretiker kann natürlich nicht Papst sein. Damit wäre eine Situation analog zu der nach dem Tod eines Papstes gegeben, in der die Kirche keineswegs handlungsunfähig ist. Gegenüber maximalistischen Interpretationen des Ersten Vatikanums, die wiederum zu überzogenen Kritiken Anlass gegeben haben, ist festzuhalten, dass die Kirche nicht deswegen im Glauben gehalten wird, weil sie einen unfehlbaren Papst hat, sondern dass der Papst unfehlbar ist, wenn er und insoweit er den Glauben der Kirche verbindlich vorträgt.

Bedingung der Unfehlbarkeit ist, dass der Papst, wie es heißt, „*ex cathedra*" spricht. Diesen Begriff hat das Erste Vatikanum definiert: „... in Ausübung seines Amtes als Hirte und Lehrer aller Christen ...". Dabei ist nicht festgelegt, in welcher Weise eine solche Äußerung erfolgt, nur muss sie eindeutig als letztverbindlich und unfehlbar gekennzeichnet sein. Und das ist die große Ausnahme. Seit 1870 wurde erst ein einziges Mal mit solchem Anspruch formuliert, und zwar 1950 bei der Definition der leiblichen Aufnahme Mariens in den Himmel. Die normale Lehrverkündigung einschließlich der Enzykliken gehört jedenfalls nicht zum unfehlbaren Lehramt, ganz zu schweigen von den Verlautbarungen der vatikanischen Ämter.

Wie aber ist die Aussage „*Hirte und Lehrer aller Christen*" zu interpretieren? Das Erste Vatikanum ist sicher davon ausgegangen, „alle Christen" im Sinne von „alle Katholiken" zu verstehen; Nicht-Katholiken wurden als abgefallene Glieder, als Häretiker und Schismatiker angesehen. Nun aber hat das Zweite Vatikanum in feierlichen Worten nicht römisch-katholische Gläubige als Christen, ihre Gemeinschaften als „Kirchen und kirchliche Gemeinschaften" anerkannt. Es erhebt sich die Frage, ob damit nicht unfehlbares Sprechen des Papstes daran gebunden ist, dass er als Repräsentant der Christenheit als Ganzer spricht. Diese Deutung würde dem Text des Dogmas nicht widersprechen. Jedenfalls ist festzuhalten, dass die Aufgabe des Papstes darin besteht, für alle Christen da zu sein. Die Einigung der Christenheit ist seine ureigene Aufgabe und Verantwortung. An diesem Anspruch muss sich das Amt messen lassen.

Unfehlbarkeit besagt natürlich nicht *eine moralische Qualität des Papstes*: Sie hat nichts zu tun mit persönlicher Heiligkeit. Sie bedeutet auch nicht, dass eine Aussage bestmöglich, unüberbietbar, abschließend klärend sein müsste. Unfehlbarkeit schließt lediglich Irrtum aus und besagt, dass eine solche Äußerung nicht direkt falsch ist. Unfehlbarkeit ist im Sinne von Irrtumslosigkeit zu interpretieren. Dies hat die römische Glaubenskongregation bestätigt, als sie auf die geschichtliche Bedingtheit dogmatisch unfehlbarer Wahrheiten verwies und deren Formulierung durchaus als möglicherweise unvollkommen, einseitig, ergänzungs- und eventuell sogar ersetzungsbedürftig, nicht aber als direkt falsch beschrieben hat.[25]

So gesehen wurde in der Unfehlbarkeitserklärung des Ersten Vatikanums nicht mehr definiert, als dass der Papst, wenn er als Repräsentant der Kirche als Ganzer in einer besonderen Situation über Glaubens- und Sittenfragen entscheidet, nicht völlig in die Irre geht, sofern die Kirche als Ganze nicht aus der Wahrheit herausfällt. Ein weitergehender Anspruch von Unfehlbarkeit sollte weder behauptet noch kritisiert werden. Er ist von den Aussagen des Ersten Vatikanums her nicht gedeckt, selbst wenn Derartiges manchmal behauptet und kritisiert wurde.

Zweifellos ist der Anspruch auf Unfehlbarkeit in unserer Zeit ein Anstoß, der auch das ökumenische Klima nach wie vor belastet. Dennoch ergeben sich heute neue Perspektiven, die gerade das Amt des Papstes in seiner ökumenischen Relevanz zeigen. Wenn der Papst „Hirte und Lehrer aller Christen" zu sein beansprucht, steht sein Amt in ökumenischer Perspektive. Gerade in einer Zeit und Welt, wo neben einem universalen Globalisierungsdruck die zentrifugalen Kräfte immer stärker werden, wo Kirchen immer mehr durch unterschiedliche kulturelle Voraussetzungen geprägt sind und wo es immer schwieriger wird, überhaupt noch miteinander zu sprechen, erscheint ein Amt universaler Einheit auch vielen evangelischen Theologen als möglich, manchen sogar als erstrebenswert oder notwendig. Das bedeutet natürlich nicht ein Akzeptieren des Papsttums, wie es sich derzeit darstellt. Eine Reform dieses Amtes und seiner Ausübung wäre dringend gefordert. Aber wenn es dazu dient, dass die Orts- und Teilkirchen miteinander im Gespräch bleiben, wenn es Kommunikationszentrum ist und die Einigung der Christenheit befördert, wenn es nicht beansprucht, alle Macht in sich zu vereinen und legitime Rechte und Ausgestaltungen in Frage stellt, dann ist ein solches Amt von hoher Bedeutung, auch für die Ökumene. Vielleicht, so darf man hoffen, liegt die – ökumenische – Geschichte des Papsttums noch vor uns.

Der Priester

Die Papstdogmen des Ersten Vatikanums wurden im Zweiten Vatikanischen Konzil bestätigt, sie wurden ergänzt durch die Aussagen zum Bischofsamt und damit aus einer gewissen Vereinseitigung befreit. Während das Bischofsamt eines der großen Themen des Konzils war, wurden die Priester vom Zweiten Vatikanum recht stiefmütterlich behandelt. Traditionellerweise waren sie als die Amtsträger der Kirche schlechthin erschienen, nun wurde ihr Amt vom bischöflichen Amt abgeleitet. „Die Priester haben zwar nicht die höchste Stufe der priesterlichen Weihe und hängen in der Ausübung ihrer Gewalt von den Bischöfen ab; dennoch sind sie mit ihnen in der priesterlichen Würde verbunden" (LG 28). Im Dekret über Dienst und Leben der Priester wird gesagt, dass ihr Amt „dem Bischofsstand verbunden ist", dass es teilnimmt an dessen Vollmacht. Das apostolische Amt, das im Vollsinne nur die Bischöfe innehaben, „ist in untergeordnetem Rang den Priestern übertragen worden" (PO 2).

War es bis zum Konzil ein Problem, die Besonderheit des Bischofs gegenüber dem Priester theologisch zu würdigen, ist es seither schwierig, den Eigenstand des Priesters zu begründen. Dass es sich bei der Bischofsweihe und der Priesterweihe um ein und dasselbe Sakrament handelt, ist unbestritten. Die Bischöfe haben das apostolische Amt inne, die Priester haben daran Anteil. Dabei überlässt es das Konzil der Theologie, diese „Teilhabe" näherhin zu bestimmen. Die Dogmatik hat damit ihre Probleme, denn die Vorstellung, dass ein Sakrament abgestuft gespendet werden kann, ist nicht ganz einfach zu vollziehen. Wie soll man eine gültige und erlaubte Spendung eines Sakraments inhaltlich abstufen? Hier hat das Konzil, wie es scheint, theologisch eine gewisse Unschärfe in Kauf genommen und für akzeptabel erachtet. Das Amt des Priesters ist jedenfalls nicht mehr einfachhin von der Vollmacht zur Wandlung und zur Sündenvergebung her abzuleiten, es hat vielmehr teil am Auftrag des Bischofs, durch Wort und Sakrament die Gemeinde zu leiten, zu einen und sie in die Gemeinschaft der Gemeinden einzubinden.

Doch auch in anderer Hinsicht erfuhr das priesterliche Amt durch das Konzil und die nachkonziliare Entwicklung eine Begrenzung. Traditionellerweise hatten viele Priester ihr Amt vom dreifachen Amt Christi und der Kirche, dem priesterlichen, dem königlichen und dem prophetischen Amt abgeleitet. Und nun mussten sie zu ihrer Überraschung feststellen, dass, wie schon dargestellt[26], das Konzil genau dieses dreifache Amt den Laien zusprach. Die Laien werden geradezu definiert als „die Christgläubigen, die, durch die Taufe Christus einverleibt, zum Volk Gottes gemacht und des priesterlichen, prophetischen und königlichem Amtes Christi auf ihre Weise teilhaftig, zu ihrem Teil die Sendung des ganzen christlichen Volkes in der Kirche und in der Welt ausüben" (LG 31). Im Laiendekret werden sie gar als „wahre Apostel" (AA 6) bezeichnet, die „vom Herrn selbst mit dem Apostolat betraut" (AA 3) sind. Die Frage drängt sich geradezu auf: Was bleibt zwischen den aufgewerteten Bischöfen und den ebenfalls aufgewerteten Laien ekklesiologisch noch für die Priester übrig? Und diesen ohnehin schon recht eng gewordenen Raum müssen sie nun auch noch mit den als eigener Stand wieder entdeckten Diakonen teilen. Man hat oft festgestellt: Das Konzil ging letztlich zu Lasten der Priester. Die nachkonziliare Amtskrise hat zumindest einen ihrer Gründe in der ekklesialen Ortlosigkeit des Priesters in den Texten des Zweiten Vatikanums.

Zusätzliche Probleme entstanden dadurch, dass die traditionelle biblische Begründung des Priestertums fragwürdig geworden ist. Nirgendwo im Neuen Testament werden die Amtsträger im Gegensatz zu den „Laien" als Priester bezeichnet. Es gibt in der Bibel den *presbyteros*. Er ist der „Älteste" und seine Funktion ist aus der jüdischen Synagogenordnung übernommen. Aber dieses Amt ist nicht als priesterlich im Sinne des griechischen *hiereus* oder lateinischen *sacerdos* zu verstehen. Dieser vollzieht in den außerbiblischen Religionen den öffentlichen Kult; er bringt das Opfer dar, um die Götter zu versöhnen. Derartige Deutungen des Priestertums sind im Laufe der Geschichte auch in das christliche Amtverständnis eingedrungen und haben zu einem nicht unproblematischen Priesterbild geführt und klerikalistische Vorstellungen begünstigt. Dies entspricht nicht dem biblischen Verständnis vom Amt. Dennoch kann das kirchliche Amt als priesterlich bezeichnet werden, wenn der Begriff richtig verstanden wird. „Wenn Amtsträger in der katholischen Tradition als Priester bezeichnet werden, dann in dem Sinne, daß sie im Heiligen Geist Anteil erhalten an dem einen Priestertum Jesu Christi und es vergegenwärtigen"[27]. Das Amt ist kein neues Priestertum, das sich von einem Opfer der Kirche herleiten würde, sondern es gründet in der realen Gegenwärtigsetzung dessen, was Christus ein für allemal getan hat, in der Kirche. Insofern werden alle Glaubenden im Neuen Testament als Priester verstanden. Weil die Kirche als Ganze priesterlich ist, hat am Priestertum Christi auch das Amt derer teil, die in ihr eine besondere Verantwortung tragen und Christi Wort und Werk in Verkündigung und Vorsitz bei der sakramentalen Feier vergegenwärtigen.

Der Diakon

Der Diakonat hat eine sehr vielfältige und differenzierte Geschichte durchlaufen, angefangen vom Siebenerkreis in Apg 6,1–6, von dem es heißt, dass sie an den Tischen dienten, und den Diakonen, die z. B. in Phil 1,1 und in 1 Tim 3,8–13 neben den *episkopoi* genannt werden, über Frauen, die als Diakone wirkten, bis hin zu der Praxis, dass der Diakonat nur noch eine kurzfristige Durchgangsstufe auf dem Weg zum Priestertum war und damit aus dem Bewusstsein der Kirche weithin entschwunden ist. Im Zweiten Vatikanum wird der Diakonat wieder als eigenständige Stufe innerhalb des Amtes festgeschrieben und als Sakrament verstanden. Nachdem sich der Begriff „Diakon" vom griechischen Wort *diakonia* (Dienst, Hilfeleistung) herleitet, lag es nahe, diesem Amt vor allem soziale Aufgaben zuzuordnen. Andererseits wird im Konzil jedes Amt als Dienst, als Diakonia verstanden, so dass diese Bestimmung dem Diakon nicht spezifisch ist und ihm nicht alleine zukommt. Faktisch haben Diakone in der Folgezeit weit gefächerte Funktionen in Seelsorge und Liturgie, in Verkündigung und Sakramentenspendung übernommen. Diese können insbesondere im Bereich der kirchlichen Diakonie je nach der persönlichen und beruflichen Qualifikation des Einzelnen sehr unterschiedlich konkretisiert werden. Sowohl in der Zahl der Diakone, die hauptberuflich oder nebenberuflich in der Kirche wirken, als auch in der Umschreibung der Aufgabenfelder gibt es zwischen den einzelnen Diözesen und Regionen der Kirche erhebliche Differenzen. Zu den wichtigsten Aufgaben, in deren Diakone über alle Unterschiede im einzelnen hinweg in der Gemeinde auftreten, gehören die Predigt innerhalb der Eucharistiefeier, die Spendung der Taufe sowie die kirchliche Beisetzung. Zu Diakonen können auch Männer geweiht werden, die sich in Beruf und Ehe bewährt haben. Insofern ist mit diesem Beruf keine Zölibatsverpflichtung verbunden, wenn auch eine Eheschließung nur *vor* dem Empfang der Weihe möglich ist.

Angesichts der breiten Geschichte dieses Amts, seiner unterschiedlichen Realisierungsformen und nicht zuletzt der Tatsache, dass jedes Amt als Dienst erscheint, ist es schwierig, den Diakonat befriedigend zu umschreiben und ihn von anderen Ämtern eindeutig und definierend abzugrenzen. Diese Schwierigkeit wird dadurch verstärkt, dass Diakone zumeist einen weltlichen Beruf ausüben und in Ehe und Familie leben. In ihnen verbindet sich also ein weltlicher Beruf mit geistlichem Stand. Insofern bildet der Diakonat eine Brücke zwischen Amt und „Laien", ebenso wie der Beruf der Pastoralreferenten, der ebenfalls nach dem Zweiten Vatikanum entstanden ist, und der weltlichen Stand mit kirchlichem Beruf verbindet.

In der Folge des Konzils entstanden in der Kirche Berufe, die eine Vielzahl von Aufgaben wahrnehmen, die traditionellerweise von Priestern ausgeübt wurden und ihnen vorbehalten gewesen waren. Sie gründen auf einem Passus der Kirchenkonstitution des Zweiten Vatikanums, in dem es heißt: „Außer diesem Apostolat, das schlechthin alle Christgläubigen angeht, können die Laien darüber hinaus in verschiedener Weise zu unmittelbarerer Mitarbeit mit dem Apostolat der Hierarchie berufen werden ... Außerdem haben sie die Befähigung dazu, von der Hierarchie zu gewissen kirchlichen Ämtern herangezogen zu werden, die geistlichen Zielen dienen" (LG 33). Während es also eine allgemeine, jedem Christen zukommende und von Taufe und Firmung hergeleitete Vollmacht zum kirchlichen Apostolat gibt, kennt das Konzil auch noch eine besondere durch die Hierarchie und aufgrund einer Delegation erfolgende Beauftragung im Rahmen des Amtes, das in der Regel durch Ordination verliehen wird. Zunächst dachten die Konzilsväter wohl an die Katechisten, die insbesondere in Missionsländern die christliche Botschaft verkünden und faktisch auch Gemeinden leiten. Doch die Entwicklung ging schnell weiter, nicht nur in den jungen Kirchen, sondern auch in Europa, wo eine Reihe von kirchlichen Berufen entstanden, die vor dem Konzil unbekannt waren.

Von besonderer Bedeutung für das Verständnis von Kirche und die Erfahrung in vielen Gemeinden wurde die Einführung des Berufs der Pastoralreferenten, der bald auch für Frauen geöffnet wurde. Die Berufsbezeichnungen und auch die Aufgabenstellungen und selbst ihre Akzeptanz variieren in den einzelnen Diözesen. Doch allgemein kann gesagt werden: Pastoralreferenten und -referentinnen, Pastoralassistenten, Gemeindeassistenten haben eine volle theologische Ausbildung. Sie sind nicht ordiniert, also im herkömmlichen Sinn des Wortes „Laien". Andererseits wer-

Aufgaben, mit denen Laien nach geltendem Kirchenrecht betraut werden können:

– Predigt mit Ausnahme der Homilie in der sonntäglichen Eucharistiefeier (CIC can. 766). – Leitung von Wortgottes-diensten (mit Predigt). – Spendung der Taufe (can. 230 §3). – Eheassistenz (can. 1142). – Vollzug der Sakramentalien (can. 1168). – Kirchliches Begräbnis. Darüber hinaus eröffnet can. 517 § 2 allgemein die Möglichkeit, dass ein Priester „die Seelsorge leitet", während ein „Diakon oder eine andere Person, die nicht die Priesterweihe empfangen hat, oder eine Gemeinschaft von Personen" faktisch eine Pfarrei verwaltet und die pastorale Betreuung wahr-nimmt.	Gottesdienstliche Funktionen, die zufolge der offiziellen liturgischen Bücher von Laien wahrgenommen werden können: – Katechumenengottesdienste und Taufen. – Sonntagsgottesdienste in Gemeinden ohne Priester, gegebenenfalls mit Kom-munionspendung und Predigt. – Feiern der Verlobung mit Segnung der Ringe und der Trauung. – Begräbnisfeiern. – Kommunionspendung außer-halb der Messe und Kranken-kommunion. – Leitung der Tagzeitenliturgie. – Leitung von Bußgottesdiensten und selbständigen Wortgottes-diensten, eucharistischen Andachten mit Aussetzung des Allerheiligsten. – Daneben kennen die liturgi-schen Bücher eine Reihe von Sach- und Personensegnungen durch Laien, sowie die Aschen-auflegung am Aschermittwoch, die Palmprozession am Palm-sonntag, die Fußwaschung am Gründonnerstag und die Kreuz-verehrung am Karfreitag.

den sie in einer liturgischen Feier im Namen der Kirche ausgesandt. Faktisch sind sie häufig in Aufgabenstellungen eingerückt, die früher Priester wahrgenommen hatten. Damit erschien der Pastoralreferent nicht selten als Priester-ersatz, als Quasi-Kaplan, der alles tut, was bisher der Kaplan tat, mit Ausnahme der Messfeier und der Verwaltung des

Bußsakraments. Der dramatische Rückgang der Zahl der Priesterweihen und damit vor allem der jüngeren Priester und die steigende Zahl von Theologiestudenten markierten die Eckdaten der Entwicklung. Zunächst wurden als Pastoralassistenten ehemalige Priesteramtskandidaten beauftragt, die nicht bereit waren, die Zölibatsverpflichtung zu übernehmen. Vor allem durch die Öffnung für Frauen entwickelte sich aber bald ein eigenständiger kirchlicher Beruf. Die Kombination von ekklesialer Existenz als „Laien" und traditionell amtlicher Aufgabenstellung führte dazu, dass sich an der Einführung des Pastoralassistenten eine Neubesinnung auf das Verständnis des Amtes entzündete.

Hier finden sich zwei gegensätzliche Strömungen. Auf der einen Seite wird dieser Beruf dem Auftrag der Laien in der Kirche und ihrem Weltdienst zugeordnet. Demnach ist es die jedem Christen zukommende Berufung durch Taufe und Firmung, die in diesem Dienst zum Tragen kommt. Daneben haben Theologen argumentiert, dass Pastoralreferenten und -referentinnen Funktionen erfüllen, die nach kirchlichem Selbstverständnis dem Amt zugehören, dass sie, wenn sie unter kirchlicher Beauftragung diese Funktionen beruflich und Existenz prägend ausüben, in eigener und von Priestertum und Diakonat unterschiedener Weise am kirchlichen Amt Anteil haben. In einer Besinnung auf die Tradition der so genannten „Niederen Weihen", die kirchlicher Herkunft, aber auf das Amt hingeordnet sind, wird gesagt, dass die Kirche, herausgefordert durch eine konkrete Notsituation „den Ordo neu aufgeteilt" habe. Die herkömmliche Dreigliederung des Amts in Bischof, Priester und Diakon sei damit modifiziert worden. Kirchenamtlich durchgesetzt hat sich dagegen die Tendenz, Priester und Pastoralassistenten möglichst deutlich zu unterscheiden und alle nicht-klerikalen Berufe eindeutig den Laien zuzuordnen. Der Begriff „Amt" wird für sie vermieden und ihre Aufgabe in der offiziellen Terminologie als Laiendienst verstanden.

In Spannung zu dieser Tendenz wurden den Pastoralreferenten/innen jedoch immer mehr Aufgaben zugewiesen, die traditionell mit dem Amt verbunden waren, bis hin zur de facto – Gemeindeleitung und der Gestaltung der sonntäglichen (Wort-) Gottesdienste. Es stellt sich die Frage, ob die Differenz zwischen der theologischen Ortszuweisung für diesen Beruf und der konkreten Aufgabenstellung, die ihm abverlangt wird, auf Dauer tragbar ist. Es ist mit der Tradition der Kirche kaum zu vereinbaren, dass eine (de facto) Gemeindeleitung nicht mehr durch Weihe übertragen, sondern allein auf dem Verwaltungsweg übertragen wird. Es besteht durchaus die Gefahr, dass mit der in der katholischen Kirche als Notlösung tolerierten Praxis die Bedeutung von Amt und Ordination und das sakramentale Verständnis der Kirche insgesamt in Frage gestellt und ein nicht-sakramentaler Heilsweg innerhalb der Kirche propagiert oder gar weithin zum Normalfall wird.

Sicher handelt es sich dabei um Regelungen für Notfälle, in denen angesichts des Priestermangels die priesterliche Leitung der Pfarreien nicht mehr gewährleistet ist. Doch es ist zu befürchten, dass sich eine derartige Differenz auf Dauer als schädlich erweist. Es könnte das Sakramentenverständnis und die Sicht der Kirche grundlegend tangieren, wenn das sakramentale Amt in breitem Umfang vom konkreten Leitungsdienst abgetrennt würde, wenn jene, die sakramental ordiniert sind, nicht mehr die Gemeinden leiten, sondern nur noch von außen „eingeflogen" werden, um rituelle Vollzüge zu erbringen, während die faktische Gemeindeleitung allein jurisdiktionell übertragen, aber nicht mehr sakramental verankert würde. Vergleichbares geschieht auch in den Konfessionen nicht, deren Amtsverständnis oft als defizitär kritisiert wird. Auch in der reformierten Tradition werden Gemeindeleiter durch Ordination bestellt, nicht durch ein Ernennungsdekret. Hier nimmt man in der katholischen Kirche theologische Ungeklärtheiten in Kauf. Wenn die Kirche sich dazu entschließt, solche

Regelungen – und sei es auch nur für Notfälle – zuzulassen, sollte sie dies nicht nur mit mehr oder weniger schlechtem Gewissen tun, sondern diese Praxis auch theologisch konsequent reflektieren und denen, die faktisch amtliche Aufgaben in der Kirche wahrnehmen, auch eine sakramental zu wertende Teilhabe an diesem Amt zugestehen. Die Kirche hatte früher Ämter, die es inzwischen nicht mehr gibt, und sie entwickelt heute neue Ämter, die ihr zukünftiges Bild vermutlich in entscheidender Weise mitprägen und verändern werden. Die Tatsache, dass das sakramentale Amt seit alters her gestuft übertragen wird, dass es nur die Bischöfe in voller Weise innehaben, die Priester und Diakone dagegen abgestuft, sollte es möglich machen, auch die Pastoralreferenten in abgestufter Weise in diese amtliche Struktur der Kirche einzugliedern. Dass sie das Amt nicht in seiner Fülle haben, ist offensichtlich, das gilt aber auch für die Priester und die Diakone. Diese Schwierigkeit wäre für ein Amt der Pastoralreferenten jedenfalls nicht spezifisch. Mit ihr konnte die Kirche bisher ganz gut leben – wohl besser als mit „Berufslaien", denen man theoretisch das meiste von dem absprechen muss, wozu man sie in der Praxis einsetzt und im Gottesdienst beauftragt.

Als Schlussgedanke
Ein Impuls für das christliche Leben

Es ist wahr: Kirche ist heute in der Öffentlichkeit, in den Medien und mehr noch im Gespräch am Arbeitsplatz, vor allem Gegenstand der Kritik, nicht selten auch des Spotts. Die Zeiten der Hymnen an die Kirche, die Gertrud von le Fort 1924 schrieb, sind lange vorüber, ganz zu schweigen von der Aussage des Ersten Vatikanischen Konzils, die Kirche selbst sei „wegen ihrer wunderbaren Ausbreitung, außerordentlichen Heiligkeit und unerschöpflichen Fruchtbarkeit an allem Guten, wegen ihrer katholischen Einheit und unbesiegten Beständigkeit ein mächtiger und fortdauernder Beweggrund der Glaubwürdigkeit und ein unwiderlegbares Zeugnis ihrer göttlichen Sendung" (DH 3013).

Heute überwiegen kritische Töne, und Skandalgeschichten finden wesentlich mehr Aufmerksamkeit als Berichte über Großtaten der Mission, heroischer Glaubenstreue und christlicher Nächstenliebe. Das öffentliche Ansehen der Kirche hat in den vergangenen Jahren sehr gelitten. Dieses Geschick teilt sie zunächst mit anderen Großorganisationen, die wegen ihrer Unüberschaubarkeit Skepsis hervorrufen: seien es die Gewerkschaften, die Parteien, viele Vereine. Doch die Kirche ist davon stärker betroffen als diese. Denn sie stellt hohe moralische Forderungen an ihre Mitglieder und an alle Menschen, und darum wird es ihr besonders übel genommen, wenn sie diesen Forderungen selbst nicht oder nur unzureichend gerecht wird.

Aber Kirche ist nicht nur Großorganisation. Nach wie vor finden viele Menschen Sonntag für Sonntag und Feiertag für Feiertag im Gottesdienst Anregung und Hilfe für ihr Leben. Sie engagieren sich in den Gemeinden: Sei es in der Gestaltung der Liturgie und des Pfarrlebens, sei es in der

Jugendarbeit, der Betreuung der Alten und der Kranken, der Armen und Notleidenden, der Sozialfürsorge bei uns und der Entwicklungs- und Katastrophenhilfe in aller Welt. Keine Initiative oder Einrichtung kann auch nur annähernd so viele Mitglieder, Anhänger oder Sympathisanten mobilisieren, wie die christliche Kirche. Ihr Wort wird gehört, es hat Gewicht und es findet auch heute noch weithin Vertrauen. Dabei lebt Kirche von den Ehrenamtlichen und ihrem Engagement, sie lebt als Volk Gottes, dem alle Amtsträger und die Hauptamtlichen zu dienen haben. Für viele Menschen, die den Gottesdienst der Kirche nicht mehr regelmäßig mitfeiern, ist ein Kirchenbesuch an den Feiertagen selbstverständlich und inneres Bedürfnis. Und besonders an den Wendepunkten des menschlichen Lebens sind kirchliche Feiern gefragt. Bei Geburt, Erwachsenwerden, Heirat, in Krankheit und im Tod öffnet sich ein Blick auf eine Wirklichkeit, die sich unserem Zugriff und unserer Verfügung entzieht, wo wir uns als verdankt erfahren. Dort hat die gottesdienstliche Feier in der Gemeinde für die meisten Menschen nach wie vor ihren unverzichtbaren Ort. Es ist eigenartig: Die Kirchengemeinden haben ein wesentlich besseres Image als die Kirche auf der Ebene der Diözesen und der Weltkirche.

In den Vollzügen der gottesdienstlichen Gemeinde wird eine Wirklichkeit erkennbar, die über menschliches Tun und Planen, über unseren Zugriff und unsere Verfügung hinausgeht. Kirche lebt in Symbolen für diese Wirklichkeit, und sie selbst ist Symbol für sie. „Zeichen und Werkzeug für die innigste Vereinigung mit Gott wie für die Einheit der ganzen Menschheit" hat sie das Zweite Vatikanische Konzil genannt (LG 1) und als „Sakrament" bezeichnet. Das Konzil will damit aussagen: Wo immer die Kirche lebt, wo sie Gottesdienst feiert und betet, wo sie die Frohe Botschaft verkündet und wo sie christliche Nächstenliebe übt, immer dort verwirklicht sie nicht nur menschliches Tun, sondern dort hat sich Gott ihr endgültig und wirkmächtig zugesagt. Immer dann wirken nicht nur Menschen in Armseligkeit und Gebrochenheit, sondern dort ist in ihr Gott selbst am Werk, der seine Kraft und Vergebung schenkt und die Menschen annimmt. Kirche ist eben nicht nur eine Institution, die durch eine möglichst perfekte Organisation, durch ihr Recht und durch ausgeklügelte Strukturen ihr Leben gewinnt und über die Jahrhunderte hindurch dauert, sondern sie ist im göttlichen Heilsplan beschlossen. Sie gehört ins Credo, das Glaubensbekenntnis der Christenheit, weil sie nicht Frucht menschlicher Planung ist, sondern der Auferstehung Christi und seinem Wirken in der Geschichte in der Kraft des Geistes entspringt. Würde Kirche allein auf ihre Strukturen, ihr Recht und ihre Amtsträger vertrauen, wäre sie vermutlich längst untergegangen. Aber sie steht für eine Wirklichkeit, die über menschliche Verfügung hinausgeht.

Darum dürfen die Gläubigen darauf stolz sein, zur Kirche zu gehören. Sie können mit ihr und in ihr solidarisch sein und sich für sie einsetzen. Kirchenfrömmigkeit ist nicht eine Verehrung von Personen, wie hochgestellt sie auch sein mögen. Sie gilt dem Gott, der die Menschen zu einem Volk gesammelt hat und dessen Herrschaft in der Kirche bereits aufleuchtet und greifbar wird. In diesem Sinne darf man die Kirche lieben, in der trotz allem etwas sichtbar und verwirklicht wird von dem, was Jesus als das Reich Gottes verkündet hat.

Kirche wird nicht durch Gesetze und durch organisatorische Finessen, auch nicht durch ihre Ämter und deren demokratische oder autoritäre Machtausübung, sondern sie verwirklicht sich dort, wo Menschen in der Kraft der Auferstehung und des Geistes frei werden von Schuld und von Strukturen, die das Leben bedrücken und niederhalten. Insbesondere aber gilt: Kirche ereignet sich im Gottesdienst, in der Feier des Herrenmahls. So erklärt sich der Ausdruck: „In die Kirche gehen" als Bezeichnung für die Feier des Gottesdienstes. Denn Kirche wurde im Abendmahlssaal begründet und sie findet überall dort ihre Existenz und ihre höchste Dichte, wo Gemeinden den Gottesdienst feiern, das Wort Gottes hören und Gläubige in der Kraft des Geistes für die Freiheit eines jeden Christenmenschen eintreten.

Karl Rahner schreibt:
Wir sind die an Gott und Jesus Christus in brüderlicher Gemeinschaft Glaubenden und so Kirche. Wir erleben diesen Glauben als unsere gerettete Freiheit und als Auftrag an die Welt, die durch diesen Glauben durch ihre ganze Geschichte hindurch Gott als endgültiges Ziel finden soll. Natürlich hat diese Gemeinschaft des Glaubens, Kirche genannt, von den Notwendigkeiten menschlicher Vergesellschaftung her nach dem Willen Gottes und Jesu ihre gesellschaftlichen Strukturen, ihre Ämter, ihre wechselnde, oft mit menschlicher Enge, Schuld und Zerrissenheit belastete Geschichte. Aber für den, der wirklich weiß, worum es letztlich in dieser Glaubensgemeinschaft geht, nämlich um Gott in Jesus Christus, der kann diese Glaubensgesellschaft aus armen Menschen, die auch als Kirche immer von Schuld zu Vergebung unterwegs sind, in gelassener Geduld ertragen, wissend, daß er ja auch seine eigene Enge und Schuld in diese Gemeinschaft um Christus und mit ihm einbringt.
(Karl Rahner, Worte gläubiger Erfahrung, Freiburg–Basel–Wien 1985, S. 98 f.)

Anmerkungen

[1] *L. Kaufmann/N. Klein*, Johannes XXIII: Prophetie im Vermächtnis, Fribourg–Brig 1990, 126.

[2] *W. Frühwald*, Theologie als Wissenschaft: R. Kaczynski, 500 Jahre Herzogliches Georgianum, München 1995, 50.

[3] *Th. Meyer*, Fundamentalismus, Reinbek 1989, 18.

[4] Ebd., 168.

[5] *I. Kant*, Beantwortung der Frage: Was ist Aufklärung (1783), Studienausgabe Bd. VI, 53.

[6] *H. Küng*, Christsein, München-Zürich 1974, 275f, 468.

[7] *K. Rahner*: Diskussion über H. Küngs „Christ sein", Mainz 1976, 107.

[8] Brief an die Smyrnäer, 8,1: txt D5 (Ekklesiologie), Nr. 26.

[9] Zur ökumenischen Problematik erscheint in der Reihe Topos Taschenbücher ein eigener Band, so dass hier nur generell auf die Thematik hingewiesen werden kann. Zur eingehenderen Information siehe *P. Neuner*, Ökumenische Theologie, Darmstadt 1997; sowie *P. Neuner/B. Kleinschwärzer-Meister*, Kleines Handbuch der Ökumene, Düsseldorf 2002.

[10] *Gemeinsame Synode der Bistümer in der Bundesrepublik Deutschland*, Gesamtausgabe, Freiburg–Basel–Wien 1976, 101.

[11] *J. Ratzinger*, Das neue Volk Gottes, Düsseldorf 1969, 215.

[12] Bekenntnisschriften der evangelisch-lutherischen Kirche, 459.

[13] Augsburger Bekenntnis Nr. VII: Bekenntnisschriften, 61.

[14] *Y. Congar*, Handbuch theologischer Grundbegriffe I, 808.

[15] Zur Problematik „Laie in der Kirche" siehe auch *P. Neuner*, Der Laie und das Gottesvolk, Frankfurt 1988.

[16] *J. Ratzinger*, Die christliche Brüderlichkeit, München 1960, 40.

[17] *F. Dölger*, Brüderlichkeit der Fürsten: Reallexikon für Antike und Christentum II, 641–646.

[18] *J. Ratzinger*, Brüderlichkeit, 58f.

[19] *J. Ratzinger*, Demokratisierung der Kirche?: ders./H. Maier, Demokratie in der Kirche. Möglichkeiten, Grenzen und Gefahren, Neuausgabe Limburg 1970, 44.

[20] txt D5 (Ekklesiologie), Nr. 78.

[21] Zitiert nach *F. Klostermann*, Das christliche Apostolat, Innsbruck–Wien–München 1962, 607.

[22] *P. M. Zulehner*, Das Gottesgerücht, Düsseldorf 1987, 74.

[23] Texte: DH 3050–3074.

[24] Siehe S. 33–38.

[25] So in der Erklärung *Mysterium ecclesiae* von 1973, die sich gegen die Kritik an der Unfehlbarkeitslehre des Tübinger Theologen Hans Küng richtete (DH 4539f).

[26] Siehe S. 131 f.

[27] Siehe hierzu *P. Neuner*, Die Lehre von der Kirche: Glaubenszugänge II, hg. v. W. Beinert, Paderborn u. a. 1995, 548.

Stichwort: Kirche

Kirche, griechisch *ekklesia*, lateinisch *ecclesia*, ist die Wiedergabe des alttestamentlich- hebräischen Begriffs *qahal*, Volksgemeinde Jahwes. Vom griechischen *ekklesia* leiten sich in den romanischen Sprachen die Begriffe *chiesa, iglesia, église* her. Sie besagten die Versammlung der Glaubenden. Die in den germanischen Sprachen verwendeten Worte *church, Kerk, Kirche* sind vom griechischen *kyriaké (oikia)*, Herrenhaus, dem Herrn gehörig(es Haus), abgeleitet. Hier stehen die göttliche Initiative, sein Kirchen gründendes Tun im Zentrum. Beide Aspekte: göttliche Stiftung und menschliche Versammlung, sind in der Lehre von der Kirche festzuhalten.

In der neutestamentlichen Betrachtung stellt sich zunächst die Frage nach der Kirchengründung. Jesus verkündigte das Reich Gottes und machte damit den Anfang von Kirche. Seine Botschaft hat sozialen Charakter, sie beschränkt sich nicht auf das individuelle Verhältnis des Einzelnen zu seinem Gott. Er wollte das Volk Gottes, d. h. Israel, wieder herstellen. Ihm galt seine Botschaft. In der fortgehenden Geschichte und mit dem Zurücktreten der Naherwartung bekamen jene Taten und Worte Jesu, die diesen Sozialcharakter unterstreichen, eine besondere Bedeutung. Vor allem die Berufung der Jünger, seine Wahl der „Zwölf", aus denen sich in der Folge die Gruppe der Apostel herleitet, sowie der Auftrag an Petrus bezeugen, dass sein Werk weitergehen und in den Zeugen lebendig bleiben soll. Zunächst wird Kirche in der frühen Christenheit nicht von ihrer organisatorischen Gestalt her verstanden, sondern in ihrer geistlichen Berufung. Sie ist im Mysterium, dem göttlichen Heilsplan begründet. Sie ist Gottesdienst feiernde Gemeinde, die in ihrer Erinnerung den Auferstandenen als gegenwärtig und lebendig erfährt. So kann man sagen, dass

Kirche im Abendmahlssaal entstand, dass Auferstehung und Geistsendung die Kraft frei setzten, aus der Kirche geworden ist. Von dieser Grundaussage her gewinnen die sozialen Aspekte der Botschaft Jesu vom Reich Gottes ihre Bedeutung für die entstehende Kirche und ihre Strukturen.

Im Neuen Testament erscheint Kirche zumeist als Ortsgemeinde oder als Hausgemeinde. In ihr geschieht, was Kirche zur Kirche macht: mit den griechischen Begriffen bezeichnet als *leiturgia*, *martyria* und *diakonia*, also Gottesdienst in der Erinnerung an den Auferstandenen, Zeugnis von ihm als dem Lebendigen und Dienst an den Brüdern und Schwestern. Aber auch die Universalkirche wird im Neuen Testament als Kirche bezeichnet. Auch sie ist Kirche, nicht nur nachträglicher Zusammenschluss von Kirchen oder ein Kirchenbund. Diese Kirche erscheint bei Paulus als das Volk Gottes, das auf Israel aufbaut, als Leib Christi, in dem der Auferstandene in der Kraft des Geistes in der Welt und in der Geschichte gegenwärtig bleibt. In den frühchristlichen Auseinandersetzungen um die rechte Lehre von Gott und von Christus wird im Rahmen des Bekenntnisses zum Heiligen Geist die Kirche als Frucht dieses Geistes verstanden und als die „eine, heilige, katholische und apostolische Kirche" bezeichnet. Das sind nicht Aussagen hinsichtlich ihrer empirisch erhebbaren Gestalt, sondern über ihr in Gott gegründetes Wesen. Diese Wesenseigenschaften müssen nicht erst von Menschen hergestellt werden, sondern sie sind vorgegeben und verwirklicht, insofern Kirche Kirche ist.

Die christliche Kirche hat sich als fähig erwiesen, im Laufe einer langen und wechselvollen Geschichte auf höchst unterschiedliche Herausforderungen einzugehen und sie für die Ausgestaltung christlicher Existenz fruchtbar zu machen. Schon die Ausbildung von Kirche als Sozialgestalt christlicher Botschaft selbst hängt an der Notwendigkeit, die Verkündigung Jesu in einer fortwährenden Welt und Geschichte präsent zu halten. Dies führte zur Ausgestaltung der Ämter und in der Folge zu immer stärker werdender Institutionalisierung und Verrechtlichung. Die Begegnung mit dem römischen Rechtsdenken und mit germanischen Vollmachts- und Besitzverhältnissen haben sie auf diesem Weg weiter geführt. Immer neue Konflikte zwischen Kaiser und Papst, zwischen Papst und Konzil und Auseinandersetzungen über ihre jeweilige Oberhoheit haben diesen Prozess verstärkt. Kirche wurde in diesen Kontroversen vor allem von den Kanonisten, den Rechtsgelehrten, in den Blick genommen und sie erschien damit notgedrungen vorwiegend als Institution, als Rechtsgebilde. Ihre geistliche Dimension trat dagegen in den Hintergrund. Die verschiedenen Kirchenspaltungen und der jeweilige Anspruch, im Gegensatz zur anderen Seite die rechte Kirche zu sein, führte seit der Reformationszeit zu einer vertieften theologischen Besinnung auf die Kirche. Daraus entstand der neuzeitliche Traktat „De ecclesia", „Über die Kirche". Und er blieb von den Herausforderungen der Kirchenspaltung und damit von apologetischen Motiven geprägt. Einen Höhepunkt fanden die Kontroversen um die rechte Kirche im Ersten Vatikanischen Konzil (1869/70) mit seinen Papstdogmen. Hier ist die katholische Kirche in unüberbietbarer Weise als Papstkirche aufgetreten, alle Hoffnungen auf eine Überwindung der Kirchentrennung schienen durch dieses Konzil hinfällig geworden.

Das Zweite Vatikanische Konzil (1962/65) hat erstmals die Kirche ausführlich zum Gegenstand konziliarer Reflexion gemacht. Es war durch eine Besinnung auf die Kirchenvorstellungen der frühen, noch ungetrennten Christenheit bestimmt und hat damit die einseitig institutionelle Sicht überwunden. Es hat Kirche wieder als Mysterium und als Volk Gottes charakterisiert, dem die Ämter, auch das Bischofsamt und das Papstamt, zu dienen haben. Das Konzil hat die Bedeutung der Laien als Gottesvolk neu unterstrichen und eine Öffnung zur Welt, zu den Religionen, zu den christlichen Konfessionen vollzogen. Kirche erscheint als pilgerndes Gottesvolk, das „zwischen den Verfolgungen der Welt und den Tröstungen Gottes auf ihrem Pilgerweg" dahin schreitet (LG 8). Es ist der Geschichte unterworfen, lebt in der Spannung zwischen Sünde und Heiligkeit und bedarf stets der Reform. Diese Aspekte und die Auseinandersetzung um ihre rechte Konkretisierung prägen auch die Ekklesiologie der nachkonziliaren Zeit.

Kleines Wörterbuch

Allegorie
Bildliche Auslegung eines Textes. Allegorische Auslesung geht davon aus, dass ein Text neben dem Literalsinn, der Ereignisse oder Tatsachen berichtet, einen verborgenen, bildlichen Sinn enthält, der durch den Interpreten offen gelegt werden muss. Schon im Neuen Testament finden sich allegorische Auslegungen alttestamentlicher Texte auf Jesus hin.

Cäsaropapismus
Bezeichnung einer Gesellschaft, in der der weltliche Fürst gleichzeitig auch geistliche Aufgaben wahrnimmt und Rechte beansprucht.

Charisma/Charismatiker
Griechisch für Gnadengabe, besondere Befähigung, Geistesgabe bzw. deren Träger. Charisma verleiht eine Vollmacht, die durch unmittelbare Geistesbefähigung zuteil wird und sich selbstevident als gegeben erweist. Insofern steht es in Spannung zum Amt, das auf geordnete Weise verliehen wird und dessen Vollmacht daher rechtlich nachprüfbar ist.

Ekklesiologie
Die Lehre von der Kirche. Der Begriff leitet sich vom griechischen Wort *ekklesia*, Kirche, her.

Hellenisierung
Der Prozess der Übersetzung der biblischen Botschaft hinein in die hellenistische, griechisch sprechende und philosophisch denkende Welt. Insbesondere wird darunter die Ausformulierung der frühchristlichen Dogmen zur Lehre von der Trinität und der Christologie sowie des Glaubensbekenntnisses verstanden. Während früher die Hellenisierung oft als Abfall von der biblischen Botschaft und ihrer einfachen, unmittelbar ansprechenden Denkweise verstanden wurde, sieht man darin heute eher einen exemplarischen Prozess der Inkulturation der christlichen Botschaft in einer grundlegend anderen Denkwelt.

Konziliarismus
Lehre von der Oberhoheit des Konzils über dem Papst. Diese seit dem 12. Jahrhundert verbreitet vorgetragene These hat im Einzelnen viele Spielarten angenommen. Ein Ausläufer ist

der sog. Gallikanismus, der durch die Dogmen des Ersten Vatikanischen Konzils (1869/70) endgültig überwunden werden sollte. Insofern müssen diese Dogmen von den Herausforderungen des Gallikanismus her verstanden werden.

Modernismus
Kontroverse zwischen römischem Lehramt und theologischer Wissenschaft am Beginn des 20. Jahrhunderts, die zu einer lange andauernden, engen lehramtlichen Überwachung der Theologen und weithin auch zu einer Entfremdung der Kirche von den Erkenntnissen der modernen Wissenschaften geführt hat.

Niedere Weihen
Ursprünglich Stufen auf dem Weg zum Priestertum, die verschiedene, eher symbolisch gewertete Aufgaben und Vollmachten verliehen (Akolythen, Exorzisten, Lektoren, Ostiarier, Subdiakone). 1972 hat Papst Paul VI. die Klerikern vorbehaltenen „Niederen Weihen" abgeschafft und zwei Beauftragungen eingeführt, die auch (männliche) Laien erhalten können: Akolythen und Lektoren.

Papstabsetzungen
Trotz des weithin anerkannten Grundsatzes, dass der Papst von niemandem gerichtet werden könne, gab es historisch zahlreiche Papstabsetzungen. Im Mittelalter erfolgten sie zumeist durch Kaiser oder auch durch Konzilien. Sie berufen sich darauf, dass der jeweilige Papst vom Glauben und von der Treue zur Kirche abgefallen sei und damit eo ipso, d. h. selbsteintretend und ohne vorhergehenden Richterspruch, sein Amt verloren habe.

Pastoralreferent
Im Gefolge des Zweiten Vatikanischen Konzils entstandener kirchlicher Beruf, der auf der Basis einer qualifizierten theologischen Ausbildung der Seelsorge in Pfarreien oder auf übergemeindlicher Ebene dient. Der Beruf steht Frauen und Männern offen. Die Bezeichnungen differieren, die weibliche Form ist jeweils zu ergänzen: Pastoralassistent, Pastoralreferent, Gemeindereferent u. ä. Die so Bezeichneten werden nicht geweiht (ordiniert), sind also nicht Priester oder Diakone, wohl aber liturgisch ausgesandt. Sie haben, nicht zuletzt aufgrund des Priestermangels, weitgehend Aufgaben übernommen, die früher Priestern vorbehalten waren. Die theologische Deutung dieses Berufs und sein Verhältnis zum kirchlichen Amt werden kontrovers diskutiert.

Pseudepigraphen

Wörtlich: falsche Verfasserangaben in religiösen Schriften innerhalb und außerhalb der Bibel. Neutestamentliche Pseudepigraphie ist nicht, wie in der Neuzeit verschiedentlich geschehen, als Betrug zu werten. Sie dient in der Zeit der Entstehung der biblischen Schriften der Darlegung apostolischer Autorität über deren tatsächliche Verfasserschaft hinaus.

Rechtfertigung

Die Tat Gottes, durch die der sündige Mensch wieder in das richtige Verhältnis zu Gott gebracht und die Ordnung, die durch die Sünde zerstört wurde, wieder hergestellt wird. Die Lehre von der Rechtfertigung stützt sich neutestamentlich vor allem auf Paulus, der auf diese Weise den Tod Jesu verstehbar macht. Ökumenische Kontroversen über die Bedeutung des menschlichen Tuns im Geschehen der Rechtfertigung (vgl. Werke) konnten durch die „Gemeinsame Erklärung zur Rechtfertigungslehre" (1999) ausgeräumt werden.

Sakramente/Sakramentalien

Während die (sieben) Sakramente auf eine direkte oder gegebenenfalls auch indirekte Einsetzung durch den historischen Jesus zurückgeführt werden, kennt die Kirche eine große Zahl von Zeichenhandlungen, die religiös bedeutsam sind, aber aus kirchlicher Einführung oder aus der Volksfrömmigkeit entstanden. Sie werden als „Sakramentalien" bezeichnet.

Synoptiker

Abgeleitet von Synopse, griechisch Zusammenschau. Bezeichnung der ersten drei Evangelien (Mk, Mt, Lk), die sich in Anordnung und Darstellung auf weite Strecken hin decken. Sowohl die Übereinstimmungen als auch die verbleibenden Differenzen sind für die Erhebung der Aussageintention des jeweiligen Evangelisten bedeutsam. Die „synoptische Frage" bezeichnet die Aufgabe, Übereinstimmung und Differenzen dieser Evangelien und ihre gegenseitige Abhängigkeit plausibel zu erklären. Damit soll ein Weg zur Erkenntnis des historischen Jesus erschlossen werden.

Theokratie

Bezeichnung einer Gesellschaft, in der die Staatsgewalt als von der Gottheit autorisiert und als deren Vertretung angesehen wird. Dabei hat der Herrscher die Aufgabe, die göttliche Herrschaft auf Erden zu realisieren.

Unfehlbarkeit des Papstes

Dogma des Ersten Vatikanischen Konzils (1870) (DH 3074), oft als höchste Aufgipfelung der Papstverherrlichung verstanden. Zu beachten sind jedoch die Einbindung des Papstes in den Glauben der Kirche, sowie die eng umschriebenen Voraussetzungen, die für dogmatisch unfehlbare Aussagen formuliert wurden. Im Zweiten Vatikanum werden die Aussagen dieses Dogmas bestätigt, gleichzeitig aber dadurch kontrapunktiert, dass auch von der Unfehlbarkeit des Volkes Gottes als Ganzem sowie des ökumenischen Konzils gesprochen wird.

Universalprimat

Erklärung des Ersten Vatikanischen Konzils (1870), dass der Papst die „volle und höchste Jurisdiktionsvollmacht über die ganze Kirche" habe (DH 3064). Offen blieb dabei die Rechtsbefugnis der Bischöfe in ihren Diözesen, auf die in diesem Konzil nicht angemessen eingegangen wurde. Aussagen dazu wurden in Ergänzung zur Formulierung des Universalprimats vor allem im Zweiten Vatikanum formuliert.

Zölibat

Vorschrift der Ehelosigkeit von Priestern und Ordensangehörigen.

Zulassung wiederverheirateter Geschiedener

Pastorale Bemühung, Katholiken, die nach einer bürgerlichen Scheidung eine neue, kirchlich als ungültig angesehene Ehe eingegangen sind, unter bestimmten Voraussetzungen zu den Sakramenten der Buße und der Eucharistie zuzulassen.

Zwölf/Apostel

Der Zwölferkreis um Jesus repräsentiert das Zwölf-Stämme-Volk Israel, das Jesus durch seine Botschaft und seine Zeichenhandlungen wieder aufrichten will. Nach Ostern werden die Zwölf durch den Kreis der Apostel weithin abgelöst. Der Apostelbegriff wird im Neuen Testament unterschiedlich verwendet. Nicht in allen biblischen Schriften werden die Apostel mit den Zwölfen identifiziert, so dass z. B. auch Paulus als Apostel bezeichnet werden kann.

Topos ^{plus}

Ja, senden Sie mir regelmäßig Informationen
über das Programm von Topos plus zu:

Name, Vorname

Beruf

Straße

PLZ / Wohnort

Antwort

Verlagsgemeinschaft
Topos plus

Hoogeweg 71

D-47623 Kevelaer

Das Programm von Topos plus
bietet Ihnen:

aktuelle Themen

religiöse Sachbücher

Lebenshilfe

Spiritualität

Biographien

verlags
gruppe
engagement

Mitglieder der Verlagsgemeinschaft
Topos plus:

Butzon & Bercker, Kevelaer

Don Bosco Verlag, München

Echter Verlag, Würzburg

Verlag Katholisches Bibelwerk, Stuttgart

Lahn-Verlag, Limburg

Matthias-Grünewald-Verlag, Mainz

Paulusverlag, Freiburg (CH)

Verlag Friedrich Pustet, Regensburg

Verlag Styria, Graz–Wien–Köln

Verlagsanstalt Tyrolia, Innsbruck–Wien

Diese Karte entnahm ich dem Buch:

Zum Lesen bzw. zum Kauf wurde ich angeregt
durch:

☐ Prospekt

☐ Anzeige

☐ Buchbesprechung

☐ Schaufenster

☐ Empfehlung im Buchhandel

☐ Empfehlung von Bekannten

☐ Geschenk

(Zutreffendes bitte ankreuzen)

Meine Meinung zu diesem Buch:

Verlagsgemeinschaft Topos plus

Weiterführende Werke

Die folgenden Werke wurden für das vorliegende Buch verwendet und sind zugleich zur Vertiefung geeignet.
Das Thema Kirche wird in unterschiedlichen theologischen Fächern behandelt. Sie ist Gegenstand der Kirchengeschichte, des Kirchenrechts, der Pastoraltheologie, die sich um ihre rechte Gestalt und ihren Auftrag in der Welt von heute kümmert. Die Literatur aus diesen Fächern und zu deren einzelnen Problemfeldern ist kaum überschaubar.
Systematisch wird Kirche in allen *dogmatischen und fundamentaltheologischen Standardwerken* und in den *Gesamtdarstellungen des Glaubens* erörtert. Aus neuer Zeit ist zu verweisen auf:

J. Auer, Die Kirche – Das allgemeine Heilssakrament (= Kleine Katholische Dogmatik VIII), Regensburg 1983.

Glaubenszugänge. Lehrbuch der Katholischen Dogmatik, hg. von W. Beinert, 3 Bde., Paderborn u. a. 1995. Die Lehre von der Kirche ist bearbeitet im Bd. II von P. Neuner, S. 399–578.

Handbuch der Dogmatik, hg. v. Th. Schneider, 2 Bde., Düsseldorf 1995. Ekklesiologie bearbeitet von S. Wiedenhofer, Bd. 2, S. 47–154.

Handbuch der Fundamentaltheologie, hg. v. W. Kern u. a., 4 Bde., Freiburg-Basel-Wien 1985, insbesondere Bd. 3: Traktat Kirche.

G. L. Müller, Katholische Dogmatik, Freiburg-Basel-Wien 1995.

Eine knappe Darstellung bringen die verschiedenen Katechismen.

Monographien:

M. Kehl, Die Kirche. Eine katholische Ekklesiologie, Würzburg 1992. – 25 Jahre nach Küngs Werk über die Kirche muss Kehl feststellen, dass vom Aufbruch und dem Enthusiasmus nach dem Konzil nicht sehr viel übrig geblieben ist. Das prägt Kehls Werk insbesondere deswegen, weil in ihm die konkrete Gestalt von Kirche und ihr Leben ebenso als Erkenntnisquellen herangezogen werden wie die Auseinandersetzung um die philosophische Fragestellung.

H. Küng, Die Kirche, Freiburg-Basel-Wien 1967. – Inzwischen klassisch gewordene Darstellung der Lehre von der Kirche unmittelbar nach dem Zweiten Vatikanischen Konzil. Kontroversen um den Autor haben sich vornehmlich an späteren Schriften entzündet, betreffen also dieses Werk noch nicht in gleichem Maße. Das Buch gibt Zeugnis vom

Aufbruch nach dem Konzil, hat diesen aber gleichzeitig auch entscheidend inspiriert.

P. Neuner (Hg.), Ekklesiologie, Bd. I und II (Texte zur Theologie D 5), Graz–Wien–Köln 1994 f. – Quellensammlung zentraler biblischer, kirchenamtlicher, theologischer und spiritueller Texte zur Ekklesiologie von der Heiligen Schrift bis zur Gegenwart.

P. Neuner/B. Kleinschwärzer-Meister, Kleines Handbuch der Ökumene, Düsseldorf 2002. – Die meisten ökumenischen Probleme sind ekklesiologischer Natur. Nachdem es im vorliegenden Band nicht möglich ist, die ökumenische Relevanz dieser Themen aufzugreifen, kann das genannte Werk eine weiterführende Information bieten, die durch die Darlegung der Kontroversen die Bedeutung der jeweiligen Fragestellung zu unterstreichen vermag und sie plastisch werden lässt.

O. H. Pesch, Das Zweite Vatikanische Konzil. Vorgeschichte – Verlauf – Ergebnisse – Nachgeschichte, Würzburg 1993. – Eine höchst lebendig und spannend geschriebene Einführung in das Konzil. Es werden die einzelnen Themen vorgestellt, auf die sich die Arbeit des Konzils konzentrierte, diese werden aber nicht nur historisch, sondern auch in systematischer Betrachtung erörtert. Das Buch zeigt, wie Theologie lebendig werden kann.

H. Waldenfels, Kontextuelle Fundamentaltheologie, Paderborn u. a. 1985. – Schon der Titel gibt Aufschluss über das Ziel der Verfassers: den christlichen Glauben und insbesondere die Kirche darzustellen im Kontext einer von der Vielzahl der Kulturen und Religionen herausgeforderten Welt. Die äußere Erscheinung von Kirche wird zum Weg, ihr innerstes Wesen zu erschließen, dieses gleichzeitig zur Rückfrage an ihre konkrete Gestalt.

J. Werbick, Kirche. Ein ekklesiologischer Entwurf für Studium und Praxis, Freiburg-Basel-Wien 1994. – Kirche wird hier unter verschiedenen Ansätzen durchbuchstabiert, die der biblischen bzw. patristischen Tradition entnommen sind. Dabei werden jeweils die Aspekte dargelegt, die sich aus dieser speziellen Metaphorik für die Kirche ergeben. Ein gewisses Gefälle hat das Buch hin auf die Verwirklichung der Kirche in den Sakramenten.

S. Wiedenhofer, Das katholische Kirchenverständnis. Ein Lehrbuch der Ekklesiologie, Graz-Wien-Köln 1992. – Eine an der Praxis akademischer Lehre orientierte Darstellung der Kirche, ihrer theologischen Fundierung und ihrer praktischen Gestaltung im Wandel der Geschichte, die durch ihre didaktische Aufbereitung und ihre gezielten Leseempfehlungen eine vorzügliche Vertiefung in allen angesprochenen Themen bietet.

Abkürzungen

AA   Apostolicam actuositatem. Dekret des Zweiten Vatikanischen Konzils über das Laienapostolat.

CIC   Codex Iuris Canonici (das kirchliche Gesetzbuch).

DH   H. Denzinger – P. Hünermann, Kompendium der Glaubensbekenntnisse und kirchlichen Lehrentscheidungen, Freiburg u.a. 1991.

GS   Gaudium et spes. Pastoralkonstitution des Zweiten Vatikanischen Konzils über die Kirche in der Welt von heute.

LG   Lumen gentium. Dogmatische Konstitution des Zweiten Vatikanischen Konzils über die Kirche.

PO   Presbyterorum ordinis. Dekret des Zweiten Vatikanischen Konzils über Dienst und Leben der Priester.

tzt   Texte zur Theologie, D 5: P. Neuner (Hg.), Ekklesiologie Bd. I und II, Graz–Wien–Köln 1994 f.

Die biblischen Schriften sind nach der Praxis der Einheitsübersetzung abgekürzt.

Register

Bildnachweis